豆包AI轻松赚钱

迅速玩转DeepSeek

刘晚禾 编

北方妇女儿童出版社
·长春·

图书在版编目（CIP）数据

迅速玩转 DeepSeek / 刘晚禾编 . -- 长春 : 北方妇女儿童出版社 , 2025. 4.（2026.3 重印）-- ISBN 978-7-5585-9316-1

Ⅰ. TP18

中国国家版本馆 CIP 数据核字第 2025AW1950 号

迅速玩转 DeepSeek

XUNSU WAN ZHUAN DeepSeek

出 版 人	师晓晖
责任编辑	于　丁
装帧设计	天下书装
开　　本	720mm × 1000mm　1/16
印　　张	8
字　　数	100 千字
版　　次	2025 年 4 月第 1 版
印　　次	2026 年 3 月第 2 次印刷
印　　刷	三河市南阳印刷有限公司
出　　版	北方妇女儿童出版社
发　　行	北方妇女儿童出版社
地　　址	长春市福祉大路 5788 号
电　　话	总编办：0431-81629600

定　　价　49.80 元

前言

你有没有这样一种感觉：手机里的 App 越来越多，收藏夹越囤越满，每天看着别人靠 AI 月入五万元、十万元的故事，自己却依然站在原地，守着那份越来越薄的死工资。

2026 年了，你身边一定已经有人跑通了这条路：有人用豆包 AI 一天生成上百条爆款脚本，起号速度惊人；有人靠 DeepSeek 批量输出行业报告、生成可售卖的 PPT，半夜睡觉都在自动成交。只有你还在手动写文案、熬夜剪视频、对着空荡荡的直播间发呆，这并不是你不够努力，而是你的工具还停留在石器时代。

本书既不讲大道理，也不灌鸡汤。它只回答一个你最关心的问题：作为一个没有技术背景的普通人，如何靠豆包和 DeepSeek 这两款工具，真真切切地多赚钱？其实从一开始你就建立了两种截然不同的认知。

对于豆包，他们当它是“数字员工”。这是一个 7×24 小时不睡觉、不要加班费、指哪儿打哪儿的超级劳动力。他们要做的不是“使用”，而是“管理”，就像产品经理一样，给豆包设定角色、梳理思维链、纠正输出偏差，让它写出有网感的脚本、生成能带货的直播稿。

对于 DeepSeek，他们当它是“行业军师”。这并不是简单的问答工具，而是一个能处理复杂任务的专业引擎。他们用它拆解百万粉账号的流量密码，生成可执行的运营 SOP；用它分析金融数据、辅助营销决策；甚至用它搭建个性化的知识管理系统，把碎片信息变成可售卖的课程和报告。

这两款工具，一个负责“干活”，另一个负责“动脑”。两者相互配合，才构成了普通人入局 AI 副业的完整闭环。这本书的编排，正是沿着这条闭环展开。

我们会先从认知重塑开始，帮你理清 2026 年的钱到底从哪儿来，“一人公司”到底怎么搭。接着进入核心引擎，手把手教你把豆包调教成自己的“御用文案手”和“数字分身”。然后直接落地赛道掘金：短视频流量、无人直播、PPT 变现、微头条流水线，每一招都是拿来就能用的“铲子”。紧接着，我们会深入 DeepSeek 的高效工作流，让你从“会问问题”进阶到“会做项目”。最后，本书通过行业全景图和未来赋能，帮你建立起持续进化的能力。

可以说，本书就是一本非常实用的地图，标记着 2026 年普通人借助 AI 翻身的每一个关键路口。路已经铺好了，你唯一需要做的，就是翻开下一页大步往前走。

目录

第四章 赛道掘金：短视频时代的三大玩法

第五章 DeepSeek 行业应用全景图

第六章 DeepSeek 未来发展与职业赋能

第一章
认知重塑：豆包 AI 副业元年，你的钱从哪儿来

你还在靠死工资过日子吗？2026 年，豆包 AI 已经让无数普通人实现了“睡后收入”。在这一章，我们将认真研究那些靠AI赚钱的人，看看他们到底做对了什么。你会发现，豆包不是玩具，是你 24 小时在线的数字员工。当你学会从“卖时间”升级到“卖算法”时，钱就会像水一样自动流进你的口袋。

豆包让你告别死工资，2026 年，为什么必须试一次

很多人拿着 1 万元月薪，每天工作 8 小时，时薪平均只有几十元。他们不敢请假，不敢生病，不敢对老板说“不”，因为时间是他们唯一能售卖的东西，一旦停售，收入便会归零。这种拿时间换钱的活法，到 2026 年越来越靠不住。当别人开始让 AI 24 小时给自己打工时，你却还在独自跟时间赛跑，二者的收入有着天差地别。

案例速览

李婷在一家地产公司做策划，月薪 8000 元。2024 年下半年，公司业绩下滑，降薪裁员的传言满天飞。她很担心自己也被裁，于是开始积极寻找出路。她看见网上有人用豆包 AI 写文案，就在某平台注册了一个账号并命名为“婷姐说房”，白天在单位搜集那些卖不出去的房子的资料，晚上回家用豆包 AI 写文案。

她的做法很简单：把点

赞高的爆款文章扔给豆包，并附上要求“按这个风格，帮我写一段给刚需买房人的 3 条建议”。每天下班回家后，他花费不到 1 个小时的时间，让豆包生成 5 到 8 条内容，她负责配图并发布。3 个月以后，她的账号积攒了 4 万粉丝。当她拿着裁员赔偿离开公司时，账号已经接到家居品牌的商单，还有买房人的付费咨询，当时的她每个月的收入已经远超之前的工资。

方法拆解

李婷能从地产寒冬里挖到机会，你却还在发愁做什么内容？这背后是 2026 年普通人做副业必须看懂的三条流量方法。

方法一：不拼创意，拼搬运效率。

现在真正能赚取红利的，是把高价值的信息重新整理。不要劳神费力地去琢磨“我要原创什么”，去你熟悉的领域里找那些高赞内容、热门问答发给豆包，让它用更口语的方式重写一遍。

方法二：不拼粉丝，拼搜索可见度。

如今的平台越来越像搜索引擎，用户有问题直接搜，而不是翻关注列表。哪怕你只有 100 个粉丝，只要内容能命中用户的搜索词，比如“南京买房首付 30 万怎么选”，你就能出现在前排。发布前先问问豆包，围绕你的主题找出用户常搜的长尾关键词，并把它们做成标题和内容核心。

方法三：不拼完美，拼信任密度。

用户关心的不是视频清不清晰，而是对自己有没有用。哪怕手机拍的画质模糊，只要内容解决了问题，他就愿意关注。不要纠结设备，用豆包生成脚本，对着提词器念也行，只要有干货就能吸引人。

实战演练

2026 年，普通人启动副业的最小可行性闭环。

看完这些你可能会十分心动，但又不知道从哪儿下手。下面这套方法是给2026年的普通人设计的启动方案。

第一步：自我诊断——找到你的金矿在哪里（3天）

这一步不是学AI，而是搞清楚我是谁、我能卖什么。千万不要一拍脑袋就去做自己不熟悉的领域。

盘点你的废料：打开电脑或手机备忘录，找出过去一年里你写过的工作总结、做过的PPT、处理过的客户投诉。这些是你的经验存货，对于你来说只是日常工作，对于别人来说可能就是宝贝。

让豆包帮你定位：把你的职业和这些关键词发给豆包，输入指令：我是一个有5年经验的幼儿园老师，擅长处理孩子的分离焦虑，并乐于和家长沟通。请根据我的背景，帮我分析3个最适合我做的副业方向，说清楚目标人群和他们的痛点。豆包会输出类似新手父母情绪管理课、幼儿园入园准备清单这些具体方向，你挑一个最感兴趣的就可以。

第二步：跑通流程——用豆包打造你的内容流水线（7天）

定好方向之后，不要着急追爆款，先跑通“输入–处理–输出”这条线，保证每天都能稳定产出。

建立爆款素材库：去各大平台搜你的目标关键词，把点赞过万、评论过千的爆款标题、开头、金句复制下来，并放在一个文档里。

搭建内容加工厂：把素材库的内容发给豆包，下达清晰的指令。比如：模仿这3个爆款标题的风格，帮我写10个关于职场新人怎么拒绝不合理工作的备选标题。

开启无脑发布模式：把豆包生成的内容加入一些自己的评论或经历，配好图后发出去。坚持7天，每天发1到2条。

第三步：设计饵料——让粉丝心甘情愿被你钓上来（持续做）

有了一定内容和粉丝后，变现的第一步是把潜在客户聚起来。

设计你的诱饵：把你发过的内容里，点赞最高评论最多的主题总结出来，让豆包帮你深化成一份5分钟就能看完的PDF文档，或者一张解决问题的清单。比如你做职场，可以准备一份被领导批评后的高情商回应话术清单。

埋下你的鱼钩：发内容时不要一次说透。在结尾可以这样引导用户：关于这一点我整理了一份超详细的清单，想要的朋友私信回复清单领取。当用户私信你时，你就完成了从内容消费者到潜在客户的转化。

避坑指南

刚开始做副业，这三个陷阱最容易让人半途而废。

陷阱一：准备工作拖太久。

正确做法：速度比完美重要。不管结果如何，要先干起来。

陷阱二：只盯着爆款不管系统。

正确做法：很多人指望发一条就火，但真正赚钱的是能稳定输出 60 分内容的系统。一个每天稳定产出 10 条 60 分内容的账号，比偶尔出条 90 分但经常断更的账号值钱。

陷阱三：只顾干活懒得动脑。

正确做法：每周抽出一小时的时间，让豆包帮你分析数据，不要只让它当打字员，也要让它当分析师。

关键提醒

2026 年，最大的稳定不是一份能干到老的工作，而是你在工作之外有一个能自己转起来的小摊子。哪怕现在每月只挣 1000 元，也意味着你的人生容错率高了 1000 元。今天花 2 小时用豆包种下一颗种子，明年的今天它可能已经长成给你遮风挡雨的小树。

那些靠豆包 AI 赚到钱的人，到底做对了什么

同样是用豆包 AI，有人用它接住了从天而降的商单，还有人靠它把兴趣做成了月入过万的生意。你却觉得豆包 AI 不好用，问题究竟出在哪儿？并不是工具不行，而是你打开的方式不对。那些靠豆包 AI 赚到钱的人，只是在某一个关键节点上比你多做了一些。

案例速览

小北原本是一家奶茶店的店员，月薪只有 3500 元。她唯一的爱好是追星，手机里存了几百 G 的偶像图片和视频。

这天，她刷到有人用 AI 做治愈系壁纸可以赚钱，她灵机一动，心想：我能不能用 AI 把偶像的照片做成二次元动漫风？于是，她把偶像的照片特征讲给豆包：请帮我生成一段绘画提示词，一个拥有丹凤眼、高鼻梁、冷白皮的男

生，动漫风格，背景是樱花飘落的校园。不一会儿，豆包就为她生成了一张图。她在群里卖定制壁纸，9.9 元一张，第一个月就赚了 8000 元。现在，她专门帮各家粉丝做偶像的 AI 二创，甚至还接到了不少大订单。

方法拆解

小北能从奶茶妹变成接单侠，是因为她掌握了那些赚到钱的人的两种方法。

方法一：不追大而全，专找针尖大的地方下手。

许多会赚钱的人会专门找那些小到没人愿意做、但又真实存在需求的地方。小北做的粉丝 AI 二创，需求大不大？竞争激不激烈？几乎没有专业画手愿意干这种活，这就是没人抢的空地。你可以拿出纸笔，列几个你最拿不出手的兴趣，比如追星、养多肉、钩针编织等。然后去各个平台搜这些关键词，看看别人在问什么，抱怨什么。那些没人解决的小麻烦，就是你可以下手的地方。

方法二：不拼专业能力，拼的是把需求翻译明白。

大多数人不缺想法，缺的是把想法变成指令的能力。你把自己当成一座桥，每次接到需求时不要急着让豆包生成，先拆解用户到底想要什么感觉，然后让豆包帮你生成几个版本，你负责做选择并做出。你的核心价值不是技术，而是你懂人。

实战演练

三步复制赚钱者的思维模式

看完别人的故事，你可能还是觉得是她运气好。殊不知，这种想问题的方式是可以练出来的。在接下来的三周里，每周做一件事，你也能把运气变成本事。

第一步：第一周——做找需求的人，不做闷头干活的人。

这一周，你的任务不是写一个字，而是去收集。

建一个抱怨本子：选一个你感兴趣的领域，比如职场、育儿、健身等。每天花半小时，去相关平台的评论区、问答区，把那些带着情绪的话复制下来放进一个文档。

让豆包帮你分类：周末，把这周收集的几十条抱怨一起发给豆包，让它帮忙分析这些用户痛点，并按着急程度和被问次数分类，找出最值得做的几个方向。豆包会给你一张图，告诉你哪里人多、哪里钱多。

第二步：第二周——做想办法解决问题的人，不做光接活的人。

有了需求，下一步就是先设计一个简单的方案。

用豆包做一个简单的方案：针对你选的问题，比如减脂餐难吃，让豆包帮你出一套能用的方案。你可以告诉豆包你是个营养师，想给抱怨减脂餐难吃的人解决问题，帮设计一个一周不重样的美味减脂餐食谱的大纲，写上每天吃什么、简单做法和一个小技巧。

找人帮你看看是否可行：把豆包弄出来的大纲做成一张图或 PDF。然后回到你收集抱怨的地方，私信那些抱怨最狠的人，说“我最近正在整理一份美味减脂餐的食谱，如果方便可以给点儿建议”。只要有人愿意看、愿意回，就说明方向对了。如果没人回复，就换一个方向接着试。

第三步：第三周——做攒信任的人，不做“一锤子买卖”。

当你方向对了也有了第一批围观的人，先不要着急收钱。你要做的是让人相信你，觉得你既懂行又实在。

多提供超出预期的免费东西：用豆包批量弄些实在的内容，持续在你的账号上发。这些东西都是你从抱怨本子里翻出来的，正好戳中人家需求。

留下自己的痕迹：在内容里穿插一些真实内容，比如第一次做减脂餐翻车的照片，帮朋友成功减脂的故事等。这些真实的东西是豆包永远无法替代的，它们会慢慢攒成你的个人品牌。等信任积攒够了，只要是你推荐的，无论什么都有人愿意尝试。

避坑指南

学那些赚钱的人时，如果不懂得避开这三个陷阱，很容易徒劳无功。

陷阱一：光看人家做什么就跟着做什么，结果做出来跟所有人都一样，没人记得住你。

正确做法：动手之前先问自己，我能加点儿什么自己的东西进去。你的审美、你的经历、你说话的口音，都是别人学不走的。

陷阱二：想着一步到位做完美。

正确做法：用豆包快点儿弄出个 1.0 版，发出去尝试，再慢慢调整。

陷阱三：把加你的人当数字。有人加了百名粉丝就开始群发广告，结果被人拉黑。

正确做法：把每个来问你的人都当朋友，哪怕他现在不买，以后也会帮你介绍人。让豆包帮你回答那些常见的问题，省下时间多交几个朋友。

关键提醒

那些靠豆包 AI 赚到钱的人，只是比你早一步想明白：现在这年头，稀罕的不是你能干多少活，而是你是否有发现别人需要什么的眼睛，还有让人信得过你的本事。从今天开始，不要老想着我要学豆包 AI，换个念头：我要用豆包 AI 帮谁解决什么事。你会发现，钱就藏在那些你以前没留意的角落里。

豆包不是玩具，而是你的数字员工

如果现在公司给你配一个 24 小时待命、不要工资、永远不抱怨的实习生，你会怎么用他？你肯定会把那些重复的、琐碎的、耗时的工作全扔给他，自己腾出手来做更有价值的事。可惜大多数人在面对豆包时，完全忘了这个逻辑。他们把豆包当成搜索引擎，但豆包真正的价值不是帮你回答问题，而是像你的员工一样替你完成任务。你需要学会的不是提问，而是管理。当你开始用管理者的眼光看豆包时，你就有了一个成本几乎为零、产能却没上限的数字化团队。

案例速览

跨境电商运营阿杰，一个人管理着 5 个店铺，每天不仅要写产品描述、回复客户邮件，还要做竞品分析。在学会使用豆包之前，他天天加班到凌晨。为了节省力气，他开始尝试把豆包当成新员工。

他给豆包设定了明确的岗位职责：你是我的英语文案助理，负责撰写亚马逊产品描述，风格要简洁专业，关键词必须嵌入。然后，他

又把过去写得好的文案作为范例发给豆包，建立了一套标准作业流程。现在，他每天到公司的第一件事是打开一个表格，把当天要写的产品链接填进去，让豆包批量生成初稿。他只需要花一小时审核修改，剩下的时间全部用来研究选品和广告策略。

方法拆解

为什么阿杰能把豆包用成员工，你却用成了玩具？这里包含着三种管理思维的差异。

方法一：给指令，而不是提问题。

懂得管理的人会这样问："我是刚开服装店的小老板，想用私域流量提升复购率，请帮我设计一个三步执行的方案。"提问前先给自己一个身份，给豆包一个角色，问出来的答案才能真正派上用场。

方法二：把豆包当实习生带，而不是当搜索引擎用。

新员工需要培训，豆包也一样。你让豆包写文案，第一次可能很差，但你可以像带新人一样反馈："这段太啰唆，要简洁；那个卖点没突出，再放大。"几次之后，它就懂你了。把你喜欢的案例、你的要求都告诉它，下次说"按老规矩来"，它就能稳定输出。

方法三：建流水线，而不是只招一个兵。

懂得管理的人会把任务拆开，让不同的豆包员工协同作战。你可以开多个独立对话，这个叫"小红书文案组"，那个叫"短视频脚本组"。需要什么任务，就去对应的部门找对应的员工，互不干扰。

实战演练

三周打造你的豆包 AI 员工团队

把豆包 AI 从玩具变成员工，不是一蹴而就的事。下面这套三周计划，能帮你慢慢建起自己的豆包 AI 团队。

第一周：招聘与定岗——找个你最缺的员工

你不用一下子招一整个部门，可以先找一个最急需的岗位。这个岗位要能够帮你解决最大的麻烦。

看看你的时间都花哪儿了：花费一周时间，每天记录哪些事最耗时、最头疼。这些重复性工作，就是最好交给豆包的任务。

给你的岗位写个描述：针对你最头疼的事，给豆包写一份职位说明。比如招聘会议纪要专员，职责是把会议录音转成文字，提炼出 3 个核心结论和 5 件要办的事，再生成一份 500 字的会议摘要。把这个说明当第一次对话的指令发给豆包，它就能直接上手。

定好试用期标准：跟豆包说清楚什么样的活算合格。比如会议纪要必须包含时间、参会人员、讨论要点、结论、待办，待办要写清楚谁负责什么时候弄完。第一次生成后你可以手动进行修改，把改好的发回去说以后就按这个格式运行。

第二周：培训与磨合——让豆包学会你的习惯。

新员工干到第二周时需要好好磨合。你要像带徒弟一样，不停地纠正并带着它走。

建个范例库：把你以前做得好的同类成果，当优秀案例提供给豆包。

养成反馈的习惯：每次豆包干完活不要直接拿走，要评价它好在哪儿、差在哪儿，几次之后豆包就会记住你的偏好。

定好标准流程：把你和豆包磨好的干活步骤固定住。比如让豆包写短视频脚本，流程可以是：第一步你给主题，第二步豆包出 3 个标题让你挑，第三步你定标题，第四步豆包根据标题写大纲，第五步你改大纲，第六步豆包出完整脚本。把这个流程记下来，以后每次都可以使用。

第三周：授权与协作——让豆包帮你独当一面。

等豆包能稳稳当当按你的要求干活，就可以给它更多权，甚至让它跟其他 AI 一起干。

把任务分出去：把一个项目拆成几个小块，分给不同的豆包对话。比如你要做个知识付费课程，可以设课程大纲组、逐字稿组、PPT 美化组、营销文案组，各干各的你最后合并即可。

设个自动巡检：让豆包定期帮你看看进度和成果。比如让数据分析组每周一早上自动生成上周的账号运营报告，包括涨了多少粉、哪篇火了、怎么改进。你到公司就能查看，省心又省力。

避坑指南

在把豆包 AI 当员工用时，一定要避免这三个管人的陷阱。

陷阱一：指令模糊，期待 AI 能读懂你的心思。

正确做法：给出明确、具体、可衡量的指令。把豆包当成最听话但最没主见的实习生，把你需要的细节全部交代清楚。

陷阱二：频繁换岗，不给适应期。

正确做法：豆包不是全能的，每个岗位都需要专门的设定和训练。频繁切换任务，它的表现会越来越差。最好让每个对话专注于一个岗位，并持续优化。

陷阱三：只使用，不维护。

正确做法：定期开启新对话，把重要的培训内容重新告诉它，保持它的工作状态。

关键提醒

豆包不是玩具，它是你 24 小时在线的数字员工。你对待它的方式，决定了它能为你创造的价值。从今天起，不要再问“豆包能做什么”，开始问“我想让豆包帮我做什么”。像管理一个团队一样管理你的豆包，你会发现，你一个人就是一支队伍。

一人公司崛起，用豆包放大你的单点技能

过去一个人想创业，要懂产品、运营、销售、客服等，十八般武艺样样精通。所以单干门槛极高，大部分人只能待在公司里，用一项技能换工资。可现在，规则变了。豆包让你在其他技能都是 60 分的情况下，把你擅长的那项放大到 100 分。你不会设计？豆包出图。不会写文案？豆包生成。不会剪辑？豆包粗剪。你只专注于最擅长的那个点，剩下的交给豆包。这就是一人公司的逻辑：你成为某个领域的专家，用豆包补齐短板。

案例速览

健身教练刘刚在健身房干了8年，专业能力没得说，带出的学员拿过省冠军。但他一直不敢自己干，因为除了训练，他对其他领域几乎一窍不通：不会拍视频，不会写文案，不会做社群，不会谈客户。后来，因为健身房倒闭，他开始尝试线上健身教学。他只有一个核心优势：懂健身，会教人。

他每天花一小时，用手机拍下自己带学员训练的过程，或者对着镜头讲解某个动作的要领。然后把原始视频发给豆包，让它帮忙写标题和文案，再用免费的剪辑软件自动生成字幕和配乐。不懂运营，就让豆包分析热门健身账号的爆款规律，帮他策划选题。半年后，他的账号积累了 50 万粉丝，线上训练营一期能招几百人，收入可观。

方法拆解

为什么刘刚能从一个教练变成一人公司老板？以下这三个可复制的方法值得借鉴。

方法一：越窄，越值钱。

很多人做副业，什么话题都想摄入一些，今天发美食，明天发旅游，后天发职场，结果账号像个杂货铺，粉丝根本不知道你是谁。一人公司的逻辑恰好相反：你的定位越窄，你的价值就越大。

方法二：让豆包做你的扩音器，而不是你的替代者。

很多人担心豆包会替代自己，于是一直不敢用。但真正的高手，是把豆包当成扩音器。豆包做的，是他本来就不擅长、也不愿意做的那些杂活，比如写标题、加字幕、做推广。他的核心价值——专业知识、教学经验、个人魅力始终掌握在自己手里。你需要做的，是把必须由你亲自完成的事和可以交给豆包的事分开，然后把后者全部外包出去。你只管钻研，豆包负责帮你把这些钻研的成果展现出来。

方法三：用户买的不是你的技能，而是解决问题的方案。

你的技能本身不值钱，值钱的是你用这个技能帮别人解决了什么问题。用户买的也不是你的专业，而是“变成更好的自己”的希望。

实战演练

三步把你的单点技能变成公司

想跟刘刚一样用 AI 把技能放大，可以试试以下这三步。

第一步：技能审计——找到你最拿手的事。

其实，很多人不知道自己擅长什么。殊不知，每个人都有拿手活，只是自己没有发现。

翻翻过去的本事：哪些事你做得比别人快、比别人好，或者常常得到别人的夸赞。

让豆包帮你看看：把这些本事告诉豆包，让它分析哪些有市场。比如擅长收纳整理，能做上门咨询还是收纳课，目标人群是谁。

挑一个先干：选个最感兴趣最好上手的，不要贪多，先挖一口深井。

第二步：补齐短板——用豆包搭虚拟班子。

方向定了，把自己的短板用豆包补上。

列短板清单：做这个副业需要哪些本事。收纳咨询可能需要写文案、做海报、拍视频、回客户等。这些短板就是你要招的 AI 岗位。

给每个短板招个 AI：按上一节讲述的方法，给每个本事建个豆包对话，派角色派活。文案专员写小红书笔记，设计专员出对比海报。

把流程串起来：你的核心活和豆包的活串成一条线。收纳完之后拍照片发给设计专员出图，将心得发给文案专员写笔记，发出去后把咨询客户引私域你自己聊。只要跑通这套路，你就是老板。

第三步：产品化转型——从卖时间变为卖东西。

一人公司最后是不卖时间，卖能反复卖的东西。

把服务拆开：收纳服务拆成厨房、衣柜、书房收纳，客户按需挑。

用 AI 出说明书：针对每个小块让豆包整出流程清单话术。厨房收纳包里放问卷、方案模板、工具推荐。活儿就稳了。

整一些可以反复卖的东西：攒的经验用豆包整成电子书课程。懒人收纳法弄个 PDF 卖 19.9 元，能一直卖一直赚，睡觉也进账。

避坑指南

从个人技能向一人公司进化的过程中，最容易陷入以下这三个陷阱。

陷阱一：过度依赖豆包，丢掉核心能力。

正确做法：豆包是放大器，不是替代品。你的核心能力必须自己打磨，保持专业深度，否则你的一人公司就是个空壳。

陷阱二：盲目扩张，超出管理能力。

正确做法：一人公司的优势在于小而美，不要轻易打破这个平衡。用豆包处理杂务，把精力聚焦在核心能力上。

陷阱三：只做流量，忽视个人品牌。

正确做法：在每一篇内容里，植入你的经历、你的观点、你的性格等。让粉丝觉得关注了一个活生生的人，而不是一个内容机器。

关键提醒

一人公司的时代已经来临，门槛从未如此之低。你不需要辞职，不需要资金，不需要团队，只需要找准你的单点技能，然后用豆包把它无限放大。当别人还在求职市场上挤破头的时候，你已经悄悄成了一家微型公司的创始人。这一切，只需要你从今天开始往前迈出一步。

从卖时间到卖算法，豆包让钱自动流进来

你算过自己的一小时值多少钱吗？上班的话，是用月薪除以工作时间；做副业的话，是每单收入除以花费的时间。不管是哪种，都有一个绕不开的上限：你的一天只有 24 小时。靠卖时间永远富不起来，因为你没法把自己复制出无数个分身。如果你卖的不是时间，而是一套方法呢？当你的副业从“我帮你做”变成“你照我的方法自己做”，你就从卖时间跃迁到了卖方法，钱就会自己流进你的口袋。豆包，就是帮你把经验提炼成方法的最好工具。

案例速览

文案策划小林从上家公司辞职后，开始帮小商家写公众号文章。一开始，她一篇文章收 500 元，一周最多写 4 篇，辛苦一个月收入不到 1 万元。其间，她还要反复沟通改稿，投入和产出不成正比。后来，她开始用豆包把自己写文案的流程变成方法。她把过去 100 篇爆款文章发给豆包，提炼出一套高转化文案的写作流程，包括挖痛点、排卖点、设计情绪钩子、写行动号召等。随后，她把这套流程做成在线文档，配上豆包

的提示词模板，并取名《小白也能写出爆款文案的傻瓜指南》，定价 199 元。她不再亲自写稿，改卖写稿的方法。半年卖出 3000 多份，收入 60 万元。买了指南的人用出效果，又回头找她做高价咨询。就这样，她把经验变成方法，再把方法变成产品，相当于拥有了一台永动机。

方法拆解

为什么小林能从卖力气变成卖方法？仔细分析，有以下三个值得学习的方法。

方法一：别卖结果，卖过程。

多数人做副业卖的是结果：写篇文章收 500 元，做个设计收 800 元。这种模式下，你的价值完全靠时间换取。聪明人卖的是过程：我把写爆款的方法教给你，你自己写，我只收 199 元。结果是一次性的，过程可以反复卖。盘点你所有的服务，看看哪些步骤可以标准化、流程化，把它们提炼出来就是你的方法。哪怕你现在还在卖结果，也可以开始积累过程。

方法二：别卖完美，卖有效。

很多人不敢把自己的方法拿出来卖，总觉得还不够完善。但用户买的不是完美理论，而是能用的工具。你的方法不用包罗万象，解决一个具体问题就行。三步写出让人想下单的朋友圈文案，一个公式搞定年终总结，越简单越好卖。让豆包帮你把复杂的方法简化成傻瓜步骤，配上话术模板，就有可能是爆款。

方法三：别卖孤品，卖订阅。

卖一次性的指南虽然比卖时间轻松，但还是单次买卖。更高阶的玩法，是把方法变成订阅服务。用户每月付钱，你每月给新模板、新案例，收入就成了稳定现金流。把你的方法设计成持续更新的模式，比如每月更新 10 个新行业的文案模板，用户续费才能拿。或者建个付费社群，每天分享一个用豆包解决小问题的技巧。订阅模式，是让钱自动流进来的终极路子。

实战演练

三步把你的经验变成自动赚钱的方法

如果你想拥有自己的印钞机，下面这三步可以帮你从零开始。

第一步：经验萃取——挖出你脑子里的“金矿”

每个人的脑子里都藏着隐性知识，就是你做起来顺手、别人觉得难的东西，挖出来是第一步。

记录你的“无意识操作”：接下来的一周，每次做擅长的事，比如写文案，就打开手机录音，边做边口述思考过程。事后再听，把步骤记下来。

让豆包帮你“提纯”：把记录的步骤发给豆包，让它提炼成标准流程。指令示例：“以下是我写爆款标题的思考过程，请提炼出一个通用的 SOP，分 3 步，每步包括具体操作和注意事项。”

加入你的“独家配方”：在标准流程上加上只有你知道的小窍门，比如“标题加数字但别用整数，用‘3 个半’这种更真实”。这些细节就是你的方法值钱的地方。

第二步：算法封装——把你的经验变成“商品”

有了 SOP，下一步是包装成能卖的产品。

最低成本：PDF 文档。把 SOP 整理成图文并茂的 PDF，加上案例模板。用豆包写引言和常见问答，用 Canva 排版，一天就能做出来，定价 9.9~39.9 元。

进阶版：视频课程。把你讲 SOP 的过程录下来，用豆包写逐字稿，剪辑软件加字幕。5~10 节课一套微课，定价 99~299 元。

高阶版：训练营+模板库。加上社群答疑、作业点评、持续更新的模板。让豆包处理一些常见问题，你负责每周直播答疑，定价 999 元以上。

第三步：自动化销售——让方法自己卖自己。

产品做好了，要建立一套自动销售系统。

设计“诱饵”引流：从产品里拿出最精华的部分，做成免费 PDF 或短视频发布。末尾引导用户："想获取完整版，私信回复'文案'领取。"

用豆包做"自动客服"：用户私信时设好自动回复，让豆包解答常见问题、发资料。你只在用户明显想买时介入。

建立"推荐机制"：在产品里设推荐奖励，比如朋友购买你可分 50%。用豆包生成推荐文案和海报，让用户帮你卖。

持续优化算法：根据用户反馈不断迭代 SOP。用豆包分析高频问题，作为迭代方向。

避坑指南

从卖时间转向卖方法的道路上，下面这三个陷阱最容易遇到。

陷阱一：方法太复杂，用户学不会。

正确做法：把方法简化到只要识字就能看懂，才是好产品。让豆包帮你看看语言通不通俗，步骤能不能合并。

陷阱二：产品没验证直接开卖。

正确做法：先用最低成本测需求，比如写篇"我如何用这套方法写出爆款"的文章，很多人问"怎么学"，就说明有市场，然后再开发产品。

陷阱三：只想收钱不想售后。

正确做法：提供基础售后，哪怕只是个微信群。让豆包帮你维护社群，定期发福利回答问题，让用户觉得钱花得值。

关键提醒

从卖时间到卖方法，是你副业生涯最重要的一次跃迁。这意味着你不再是手艺人，而是成了生意人。你的产品不再是你的时间，是你的智慧。当你的方法开始 24 小时自动给你赚钱，你就真正实现了躺赢。这一天，或许就从你开始整理第一个 SOP 开始。

章末问答

问：我现在工作很忙，哪有时间做副业？

答：副业不是让你加班，而是让你用豆包把主业的时间省出来。每天 1 小时，用豆包批量生产内容。坚持三个月，你会发现副业收入可能超过主业。

问：我好像没什么特长，能做什么？

答：特长不是天生的，而是你每天做的事。你是宝妈，就有育儿经验；你是销售，就有沟通技巧；你爱追剧，就能写剧评。豆包帮你把这些经验放大成产品。

问：做副业会不会影响主业？

答：好的副业会反哺主业。比如你做短视频分享职场经验，反而会提升你在公司的专业形象，关键是找到主业和副业的结合点。

问：第一笔钱什么时候能赚到？

答：如果从今天开始行动，最快的可能一周内就有收入，比如接一个代写文案的单子。慢的三个月也能看到回头钱，关键在于你是否做出了行动。

第二章
打造 DeepSeek 高效工作流

想要有效提升工作效率？本章将会教你优化提问、拆解任务、精修结果，打造 DeepSeek 高效工作流。

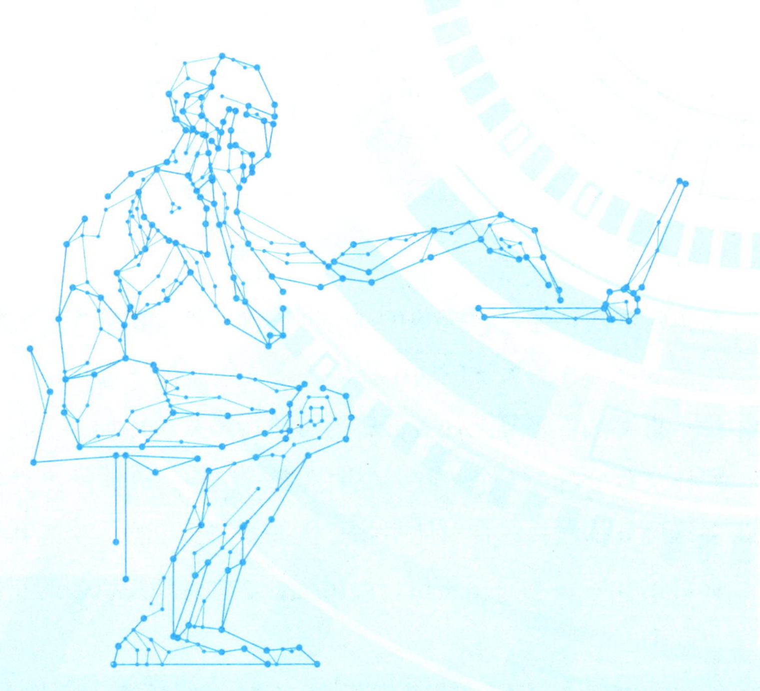

提问的艺术：
与 AI 对话的黄金法则

DeepSeek 凭借其强大的语言模型和用户友好的交互体验，迅速成为行业标杆。然而，许多用户在使用过程中常常遇到“AI 不理解我”的困扰。其实，问题的核心往往在于提问方式。本文将深入探讨如何通过优化提问公式和沟通技巧，让 AI 更懂你，助你迅速玩转 DeepSeek。

提问公式：让 AI 精准输出

1. 万能提问公式

DeepSeek 推荐的万能提问公式为：“身份 + 任务 + 细节 + 格式”。例如：

示例：作为旅游达人，请为我规划一份 3 天 2 晚的天津旅行攻略，重点推荐本地小吃，以表格形式输出。

2. 进阶提问技巧

①角色扮演法：通过设定角色提升回答针对性。例如：“假设你是职业生涯规划师，为大学应届生提供 5 个实用面试技巧”。

②任务拆解法：将复杂任务分解为可执行步骤。例如：“将写高质量自媒体文章分解为 5 个步骤，说明选题、结构、SEO 优化要点”。

③多维度评估法：综合对比事物。例如：“从价格、功能和易用性三方面对比 iPhone 与三星手机，给出适合学生党使用机型的建议”。

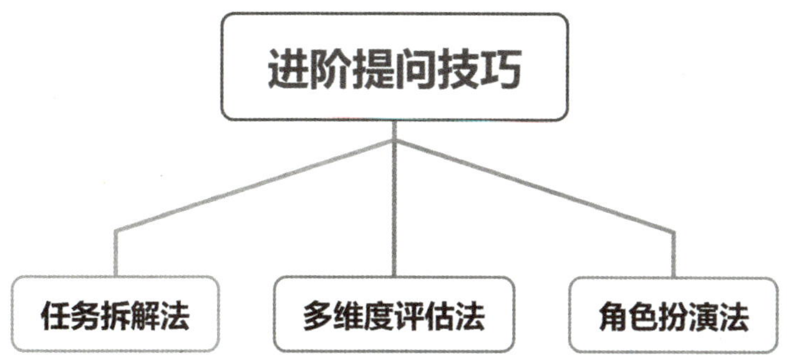

3. 提问公式的应用场景

场景	提问公式示例
旅行规划	“预算 1000 元，帮我规划天津 3 天 2 晚旅行攻略，重点推荐本地小吃。”
内容创作	“撰写一篇小红书风格的防晒霜文案，带 3 个 emoji。”
编程辅助	“用 Python 写一个自动整理桌面文件的脚本。”
学术研究	“总结这篇论文的创新点，并用表格对比第三页和第五页的数据差异。”

沟通优化：提升 AI 理解力

1. 避免常见提问错误

- 模糊提问：避免使用“怎么写好文章？”这类模糊问题，改为“如何撰写科技类公众号开头段？需要设置悬念吸引中年读者”。
- 逻辑不清：确保问题结构清晰，避免主谓不一致或时态错误。

2. 优化提问的实用技巧

- 预热对话：先用普通模式对话几轮，待 AI 适应语言习惯后再切换深度模式。
- 强制“说人话”：要求 AI 用通俗语言解释专业术语。例如：“用小学生能听懂的话解释 RLHF，并举例说明”。

3. 连续提问与任务拆解

通过连续提问逐步优化结果。例如：

①让 AI 写出文章大纲；

②根据大纲完善第一部分内容；

③分批输出后续内容并检查错误。

实战案例：从提问到高效输出

1. 旅行规划案例

提问：预算 1000 元，帮我规划天津 3 天 2 晚旅行攻略，重点推荐本地小吃，以表格形式输出。

输出：AI 生成包含交通、住宿、景点和美食推荐的详细表格。

2. 内容创作案例

提问：撰写一篇小红书风格的防晒霜文案，带 3 个 emoji。

输出：AI 生成符合平台风格的文案，例如："夏日必备！这款防晒霜轻薄不黏腻，SPF50+ 超强防护，让你轻松应对阳光挑战！"

3. 编程辅助案例

提问：用 Python 写一个自动整理桌面文件的脚本。

输出：AI 生成可执行的 Python 代码，并附上使用说明。

通过优化提问公式和沟通技巧，用户可以显著提升与 DeepSeek 的交互效率，让 AI 更懂你的需求。未来，随着技术的不断进步，DeepSeek 将继续为用户带来更多创新和便利。现在就行动起来，用科学的提问方式开启你的 AI 高效之旅吧！

读者测试

掌握了万能提问公式，就能精准地从 DeepSeek 中获取所需信息。这些测试题将检验你对公式各要素的理解和运用能力，看你能否成为提问高手。

1. 在使用万能提问公式“身份 + 任务 + 细节 + 格式”时，如果要让 DeepSeek 生成一份旅游攻略，“7 天的行程安排，包含景点、美食推荐”属于哪个部分?

   A. 细节

   B. 任务

   C. 格式

2. 若想让 DeepSeek 以专业美食评论家的身份写一篇餐厅评测，“餐厅的环境、菜品口味、服务质量等方面进行评价”属于哪个部分?

   A. 任务

   B. 细节

   C. 身份

3. 当省略万能提问公式中的“格式”部分时，DeepSeek 的输出结果会怎样?

   A. 以默认格式呈现，但可能不太符合特定需求

   B. 无法生成有效结果

   C. 按照最复杂的格式输出

4. 以下哪种提问方式更符合万能提问公式且能得到更精准的回答?

   A. 以资深记者身份，写一篇关于科技行业发展趋势的文章，包含具体案例和数据，以报告格式呈现

   B. 写一篇文章

   C. 随便写点东西

评分标准：

选 A 得 3 分，选 B 得 2 分，选 C 得 1 分。

10 ~ 12 分：你熟练掌握万能提问公式，能够运用它精准获取所需信息，提问效率高。

7 ~ 9 分：你基本理解公式原理，但在实际应用中对部分要素的把握还不够准确，需多实践。

4 ~ 6 分：你对万能提问公式的理解和运用存在较多不足，需要深入学习和练习。

任务拆解大师：让 DeepSeek 输出专业级成果

想要充分发挥 DeepSeek 的潜力，用户需要掌握如何将复杂任务分解为可管理的步骤，并指导 AI 完成高质量输出。本文将详细介绍如何通过分步指导，迅速玩转 DeepSeek。

复杂任务分解

要将复杂任务分解为可管理的步骤，首先需要明确任务的目标和需求。以下是一个通用的任务分解框架。

步骤	描述
1. 定义任务目标	明确任务的具体目标和预期输出。
2. 收集必要信息	收集完成任务所需的所有数据和信息。
3. 分解任务	将复杂任务分解为多个子任务。
4. 分配资源	确定每个子任务所需的资源（如时间、人力、工具等）。
5. 执行子任务	逐步完成每个子任务。
6. 整合输出	将所有子任务的输出整合为最终结果。
7. 评估和优化	评估任务完成情况，优化流程以提高效率。

分步指导 AI 完成高质量输出

1. 定义任务目标

在使用 DeepSeek 之前，首先需要明确任务的具体目标。例如，如果你需要生成一份市场分析报告，目标可能是“生成一份包含市场趋势、竞争对手分析和未来预测的报告”。

2. 收集必要信息

收集完成任务所需的所有数据和信息。例如，市场分析报告可能需要以下信息。

- 市场趋势数据。
- 竞争对手的财务报告。
- 行业专家的观点。

3. 分解任务

将复杂任务分解为多个子任务。例如，市场分析报告可以分解为以下子任务。

① 市场趋势分析：分析当前市场趋势。

② 竞争对手分析：分析主要竞争对手的财务状况和市场策略。

③ 未来预测：基于当前数据和趋势，预测未来市场发展方向。

4. 分配资源

确定每个子任务所需的资源。例如：

子任务	所需资源
市场趋势分析	市场数据、分析工具
竞争对手分析	财务报告、竞争对手信息
未来预测	预测模型、行业专家意见

5. 执行子任务

使用 DeepSeek 逐步完成每个子任务。以下是具体的操作步骤。

①市场趋势分析

- 输入数据：将市场数据导入 DeepSeek。
- 选择分析模型：选择适合的分析模型（如时间序列分析）。
- 生成报告：DeepSeek 自动生成市场趋势分析报告。

②竞争对手分析

- 输入数据：将竞争对手的财务报告和市场策略信息导入 DeepSeek。
- 选择分析模型：选择竞争对手分析模型。
- 生成报告：DeepSeek 自动生成竞争对手分析报告。

③未来预测

- 输入数据：将当前市场数据和趋势预测模型导入 DeepSeek。
- 选择预测模型：选择适合的预测模型（如回归分析）。
- 生成报告：DeepSeek 自动生成未来市场预测报告。

6. 整合输出

将所有子任务的输出整合为最终的市场分析报告。DeepSeek 可以自动整合各个子任务的报告，生成一份完整的市场分析报告。

7. 评估和优化

评估任务完成情况，优化流程以提高效率。例如，如果发现某些子任务的输出质量不高，可以调整输入数据或选择不同的分析模型。

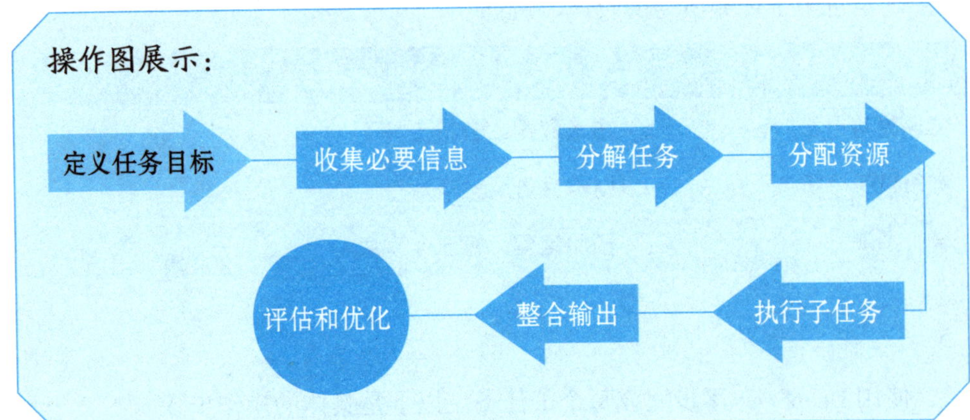

通过将复杂任务分解为可管理的步骤，并分步指导 AI 完成高质量输出，用户可以迅速玩转 DeepSeek，充分发挥其潜力。本文详细介绍了一个通用的任务分解框架，并通过市场分析报告的实例展示了如何在实际操作中应用这一框架。希望本文能够帮助读者更好地理解和使用 DeepSeek，提高工作效率和输出质量。

读者测试

面对复杂任务，学会拆解是关键。下面的测试会考查你任务拆解的原则、方法和评估能力，看看你是否具备成为任务拆解大师的潜质。

1. 对于一个大型的软件开发项目，将其拆解为需求分析、设计、编码、测试等子任务，主要依据的原则是什么？
   A. 任务的逻辑顺序和功能模块划分
   B. 随机拆分，没有特定规律
   C. 按照开发人员的个人喜好拆分

2. 在任务拆解过程中，如何确定每个子任务的合理时间节点？
   A. 参考以往类似项目的经验，结合任务难度和资源情况确定
   B. 随意设定时间，不考虑实际情况
   C. 只考虑任务的紧急程度，不考虑其他因素

3. 当子任务之间存在依赖关系时，应该如何处理？
   A. 按照依赖顺序依次安排任务，确保前置任务完成后再开始后续任务
   B. 同时开展所有子任务，不考虑依赖关系
   C. 先完成依赖关系复杂的任务，再处理简单的

4. 任务拆解完成后，如何对拆解结果进行评估和优化？
   A. 检查子任务是否完整覆盖原任务，是否具有可操作性和可衡量性
   B. 不进行评估，直接按照拆解结果执行
   C. 只看子任务的数量，越多越好

评分标准：

选 A 得 3 分，选 B 得 2 分，选 C 得 1 分。

10 ~ 12 分：你具备出色的任务拆解能力，能够科学合理地将复杂任务拆解为可执行的子任务。

7 ~ 9 分：你掌握了任务拆解的基本方法，但在时间安排、依赖处理等方面还需要进一步优化。

4 ~ 6 分：你在任务拆解上存在较大困难，需要学习相关原则和技巧，提高拆解能力。

输出优化：迭代式 AI 结果精修术

DeepSeek 提供了强大的功能和灵活的配置选项，使用户能够通过结果优化与迭代，逐步提升 AI 的输出质量。本文将详细介绍如何通过 DeepSeek 进行结果优化与迭代，让 AI 的输出结果更符合实际需求。

结果优化与迭代的基本流程

在使用 DeepSeek 进行结果优化与迭代时，通常需要遵循以下基本流程。

① 需求分析：明确 AI 输出的具体需求，确定优化目标。

② 数据准备：收集和整理用于训练和测试的数据集。

③ 模型训练：使用 DeepSeek 进行初步模型训练。

④ 结果评估：评估模型的输出结果，识别不足之处。

⑤ 参数调整：根据评估结果，调整模型参数。

⑥ 迭代训练：重复训练和评估过程，逐步优化模型。

⑦ 最终输出：获得符合需求的 AI 输出。

需求分析与数据准备

1. 需求分析

在开始优化之前，首先需要明确 AI 输出的具体需求。例如，在自然语言处理任务中，可能需要 AI 生成的文章具有特定的风格、语气或结构。明确需求后，就可以更有针对性地进行后续的优化工作。

2. 数据准备

数据是 AI 模型训练的基础。为了获得高质量的 AI 输出，需要准备充足且高质量的训练数据，包括以下数据准备的具体步骤。

①数据收集：从各种来源收集相关数据。

②数据清洗：去除噪声数据，确保数据的准确性和一致性。

③数据标注：对数据进行标注，以便模型能够学习到正确的模式。

以下是一个数据准备的示例表格。

数据来源	数据类型	数据量	数据质量	备注
公开数据集	文本	10000 条	高	已标注
企业内部数据	文本	5000 条	中	需清洗
网络爬取数据	文本	20000 条	低	需清洗和标注

模型训练与结果评估

1. 模型训练

在 DeepSeek 中，模型训练是一个关键步骤。用户可以通过以下步骤进行模型训练。

①选择模型：根据任务需求选择合适的模型架构。

②配置参数：设置学习率、批量大小、训练轮数等参数。

③开始训练：启动训练过程，DeepSeek 会自动进行模型训练。

以下是一个模型训练参数的示例表格。

参数名称	参数值	说明
学习率	0.001	控制模型参数更新的步长
批量大小	32	每次训练使用的样本数量
训练轮数	10	模型训练的迭代次数

2. 结果评估

模型训练完成后，需要对输出结果进行评估。评估指标可以根据具体任务而定，例如在文本生成任务中，可以使用BLEU分数、ROUGE分数等指标。评估结果将帮助用户识别模型的不足之处，为后续的优化提供依据。

以下是一个结果评估的示例表格。

评估指标	评估值	目标值	是否达标
BLEU 分数	0.75	0.80	否
ROUGE 分数	0.85	0.90	否
生成速度	10ms/ 字	5ms/ 字	否

参数调整与迭代训练

1. 参数调整

根据评估结果，用户可以对模型参数进行调整，包括以下常见的调整方式。

①调整学习率：增加或减少学习率，以控制模型的学习速度。

②增加训练轮数：延长训练时间，使模型更好地学习数据。

③调整批量大小：改变每次训练的样本数量，影响模型的收敛速度。

2. 迭代训练

参数调整后，需要重新进行模型训练和评估。通过多次迭代，逐步优化模型，使其输出更符合需求。迭代训练的过程可以通过以下流程图展示。

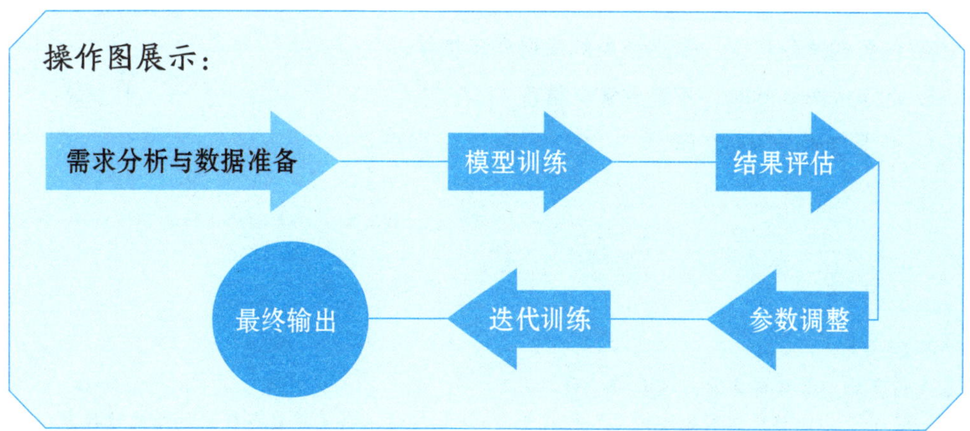

最终输出与持续优化

经过多次迭代训练和参数调整后，模型的输出将逐步接近用户需求。为了保持 AI 输出的高质量，建议定期进行模型更新和优化。

读者测试

得到结果只是开始，优化和迭代才能让结果更加完美。通过这几道测试题，检验你对评估结果、调整优化和迭代更新的理解与实践能力。

1. 评估 DeepSeek 输出结果的准确性时，主要参考的依据是什么？

A. 相关领域的权威资料、事实数据和逻辑合理性

B. 个人主观感受，没有客观标准

C. 输出结果的字数多少

2. 当发现输出结果存在信息不完整的问题时，应该采取的措施是什么？

A. 补充更详细的提问信息，让 DeepSeek 重新输出

B. 直接使用现有结果，忽略不完整部分

C. 认为是 DeepSeek 的问题，不再使用它

3. 进行结果优化时，对输出结果的语言风格进行调整，主要是为了什么？

A. 使其更符合特定的受众和使用场景

B. 增加语言的华丽程度，不考虑实用性

C. 随意改变语言风格，没有明确目的

4. 结果迭代的频率应该根据什么来确定？

A. 任务的紧急程度、输出结果的质量和反馈情况

B. 固定的时间间隔，不考虑实际情况

C. 开发者的心情和意愿

评分标准：

选 A 得 3 分，选 B 得 2 分，选 C 得 1 分。

10 ~ 12 分：你能够科学有效地评估和优化 DeepSeek 的输出结果，具备良好的结果迭代意识和能力。

7 ~ 9 分：你有一定的结果优化和迭代能力，但在评估标准和调整方法上还可以进一步完善。

4 ~ 6 分：你对结果优化和迭代的理解和操作能力较弱，需要加强学习和实践。

第三章
核心引擎：像产品经理一样驾驭豆包

为什么同样用豆包，有人用它写出爆款内容，有人却只得到一堆废话？因为高手在用“产品经理”的思维驾驭它。在这一章，你将学会如何给豆包设定角色、设计思维链、破解幻觉、迁移爆款风格，甚至打通多模态工具。当你把豆包从“熊孩子”驯服成“金牌员工”，你的内容生产将进入无人模式。

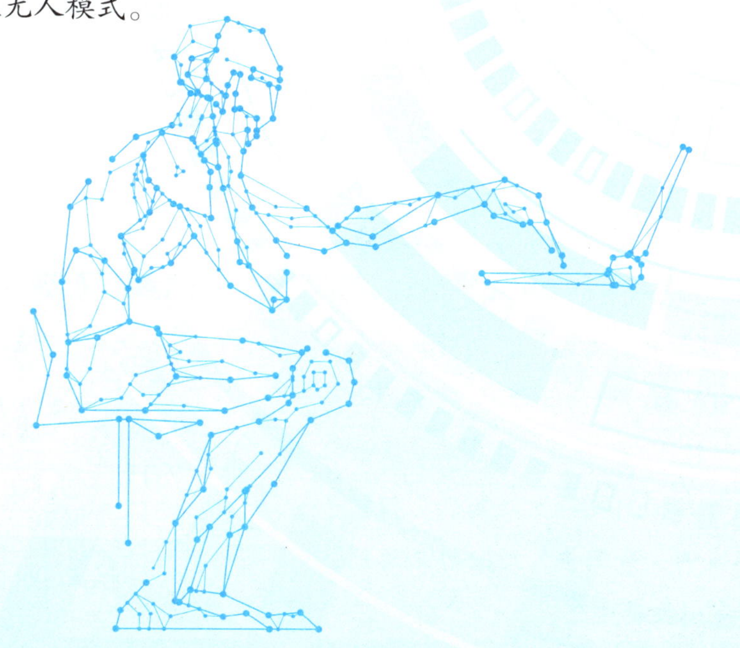

沟通即代码，“角色设定 + 思维链”怎么玩

在 AI 的世界，你输入的每句话都相当于在写代码，代码的质量直接决定输出的质量。很多人把 AI 当成搜索引擎，扔一句“怎么写文案”，然后就等着它输出，结果得到的永远是那种教科书式的废话。会用豆包的人不会这么问，他们会先给它一个身份，再给它一套思考路径。就像给新员工做入职培训：先告诉它你是谁，再教它怎么想问题。当你的指令从一句话需求变成身份设定加思考路径，豆包的回答质量会有质的飞跃。

案例速览

95 后自媒体博主小圆运营着一个 30 万粉丝的账号，她每天要写 5 到 8 条短视频脚本，写到崩溃。2025 年，她开始用身份设定加思考路径的方式训练豆包。

她给豆包设定的身份是：“你是一个有 10 年经验的 HR 总监，同时是一个毒舌但一针见血的职场导师。”然后给出一套思考路径：“第一步，找出职场里最扎心的 3 个真相；第二步，每个真相配一个真实案例；第三步，用一句话总结，让人听完想收藏转发。”

现在她每天只须花 10 分钟给豆包几个关键词，就能拿到 3 到 5 条高质量脚本。账号每天更新内容的数量翻倍，广告报价涨了 3 倍。

她的经验可以概括为一句话：说清楚它是谁，告诉它怎么想，你就能拿到想要的东西。

方法拆解

同样的豆包，为什么在小圆手里会创新，在你手里是只会重复？也许你欠缺的是下面这三个沟通的好方法。

方法一：别问“是什么”，要问“如果你是”。

普通人提问：“怎么写一篇带货文案？”会问的人这样问：“如果你是一个写文案的老手，目标是把一款 99 元的儿童保温杯卖给宝妈，你会怎么写文案？”前者拿到通用模板，后者拿到量身定制的内容。给豆包设定一个身份，就像给它戴上一副眼镜，让它用特定的角度看问题。每次提问前花十秒钟给豆包设定个身份，越详细越好，豆包会根据身份调整它说话的语气和给出的内容。

方法二：别给一个点，要给一条线。

很多人让豆包写东西只给一个题目，比如“写个关于努力的文案”。豆包只能瞎编。会问的人会给一条清楚的思路：“先讲一个普通人逆袭的故事让人感动，再提炼三个努力的方法让人能照着做，最后用一句金句升华让人想转发。”这就是思考路径。你把解决问题的步骤拆解清楚，豆包就能按步骤执行。把你的事情拆成两到四步，然后告诉豆包按步骤来。每一步越详细，豆包给的东西越可控。

方法三：别当甲方，要当产品经理。

很多人用豆包像甲方对乙方，扔过去一个需求等着收稿，不满意就重来，效率低下。会问的人把自己当产品经理，先想清楚给谁看、在什么场景看、希望对方看完做什么，然后再让豆包动手。比如“我的目标用户是刚毕业的职场新人，他们在下班路上刷短视频，我希望他们看完后关注我”。写清楚具体需求，豆包写出来的东西才能更符合要求。

实战演练

三步练就 AI 沟通术

把和 AI 的沟通从碰运气变成说了算，只需要刻意练习三周。

第一周：角色设定练习。

在这一周，每次和豆包对话前，都先给它一个身份。

建一个身份库。按你常用的场景，提前准备十个常用身份，比如毒舌评论员、暖心学姐、干货教授等。给每个身份写段简短的描述，存在备忘录里随时调用。

换身份测试。同一个问题用不同身份去问，看豆包的回答有什么区别。比如问“怎么才能升职加薪”，让毒舌 HR 和暖心前辈分别回答，对比之后你就能更精准地挑选身份。

尝试叠加身份。试着给豆包叠加多个身份，比如“你是一个懂心理学的销售，同时又是一个段子手”。身份越丰富，输出的内容越有层次。

第二周：思考路径拆解练习。

这一周的任务是学会拆解任务。任何复杂的任务都能拆成两到四步。

拆解日常工作。选一个经常做的任务，比如写周报，拆成清晰的步骤写下来：列出本周完成的三件大事，每件大事写出具体成果、遇到的两个问题和解决办法，列出下周的三个重点计划。

让豆包帮忙拆解。不知道怎么拆就先问豆包：“要写一份让老板满意的周报，应该按什么步骤写？请帮我拆成四步。”然后根据豆包的建议调整。

把思考路径固化成模板。把常用的任务拆成固定模板存下来，比如“短视频脚本生成模板”。以后每次要写时，直接把模板发给豆包。

第三周：以产品经理的视角练习。

这一周的任务是每次动手前先问自己三个问题。

画出用户画像。每次创作前想清楚目标用户是谁，可以具体到一个人，比如“我的大学室友小李，工作三年，正处于迷茫期”。然后告诉豆包：“请帮我写一段话，目标是让小李听了之后觉得被理解。”

想清楚使用场景。用户会在什么场景看到这些内容，是挤地铁还是睡前刷手机。场景决定内容的节奏，把这些告诉豆包。

明确行动目标。你希望用户看完后做什么，是点赞、评论还是私信。把这些写进指令，豆包给的东西会更精准。

避坑指南

练习与豆包沟通时，以下这三个陷阱最容易让你怀疑人生。

陷阱一：身份定得太宽。

正确做法：你让豆包扮演“专家”，它不知道是什么专家。你让豆包扮演“专治职场 PUA 的 HR 专家”，它就有方向了。身份定得越详细，豆包表现越稳定。

陷阱二：思考路径太乱。

正确做法：思考路径最好控制在两到四步，每一步都要说清楚。如果任务复杂，可以分几次对话完成。

陷阱三：忘了交代前情。

正确做法：豆包没有记忆，每次开启对话都像第一次见面。下次一定要重新告诉它你的要求，或者把之前的好案例复制过去让它复习一下。

关键提醒

和豆包聊天儿，本质上是在编程。你输入的每一个字，都是在定义它的行为。当你开始用身份设定加思考路径的方式跟豆包对话，你会发现它不再是那个时而聪明时而傻瓜的聊天儿机器人，而是一个能听懂话、能干好活的帮手。这套本事，值得你花一个月好好练习。

破解 AI 幻觉，给你的信息装上过滤器

你让豆包帮忙查资料，它说得头头是道，还附带详细的数据和出处。你信以为真，直接用了。后来发现，数据是编的，出处根本不存在。这就是 AI 最让人头疼的问题——AI 幻觉。如果你直接把 AI 输出的内容当真理用，轻则闹笑话，重则出大事。但你要因此不敢用 AI，那就是因噎废食了。

案例速览

老王是一名知识博主，专门做历史类短视频。刚开始用豆包时踩过大坑。有一次他让豆包写明朝冷知识，豆包写了一条：明朝万历年间，北京城曾出现一只会说话的猫，被当作祥瑞献给皇帝。老王觉得这故事非常吸引人，直接做成视频发了。结果评论区的历史爱好者们纷纷指出这是编的，老王被骂到删视频。

此后，他让豆包生成任何内容，都必须附带信息来源和可信度评估。他的视频不仅没再翻车，还因为严谨被粉丝称为“较真老王”。

方法拆解

为什么 AI 会胡说八道，而高手却能用它淘到金子？这三个对付 AI 幻觉的方法不可忽视。

方法一：别信结论，要信过程。

AI 有时候会编造依据，但只要你追问，它往往会露馅。你可以让豆包在输出时就附带思考过程，这样你就能判断它的逻辑靠不靠谱儿。比如在提问时加上“请先列出你的推理过程再给出结论”，或者“请为你的每一个观点附上信息来源，没有确切来源就标注推测”。这样豆包输出时会更谨慎，你也能看到它得出结论的路径，方便判断它给出的信息的可信度。

方法二：别只问一次，要问三次。

同一个问题从不同角度问豆包三次，如果答案一致，可信度就高；如果答案矛盾，肯定有问题。这叫交叉验证。AI 的幻觉往往是随机的，同一个问题问两次，它可能给出完全不同的答案。利用这个特点，你能轻松发现漏洞。

方法三：别把豆包当给出答案的机器，要当线索提供者。

把提问方式从“告诉我 XX 是什么”，改成“关于 XX 有哪些值得关注的关键词、人物、事件，请列个清单”。然后拿着清单自己去搜索引擎或专业数据库里查。

实战演练

三招练就 AI 鉴谎眼

面对 AI 幻觉，不用慌也不用躲。用下面这三招，你可以把豆包变成可控的信息工具。

第一招：让豆包自证——用提示词逼它严谨。

通过设计提示词，让豆包自己给自己上枷锁。

要求标注可信度。在指令里写清楚：“对于你输出的每一个事实性信息，请用高可信、中可信、低可信标出你的自信程度，并简单说明依据。”这样你就能知道哪些可以直接用，哪些得核实。

要求提供来源。“请为你的每一个数据、事件、引用提供具体的信息来源，包括网站、文章标题、作者、发布时间。没有确切来源就注明豆包生成仅供参考。”豆包虽然会编来源，但你可以用它给的线索去搜，能搜到就用，搜不到就放弃。

要求区分事实和观点。“请明确区分哪些是客观事实，哪些是你的观点或推测。事实部分用事实标注，观点部分用观点标注。”这样能防止豆包把自己的想象当真理输出。

第二招：交叉验证——用多个角度拷问同一个问题。

对于重要信息，不要轻易相信豆包的一次回答。设计一套验证流程。

换角度再问。换个问法或者换个角色设定，问同一个问题。比如你想知道私域流量怎么做，先让豆包以运营专家角色回答，再让豆包以销售总监角色回答，对比两者异同。核心观点一致可信度就高，两者矛盾就得深入核实。

拆开再问。把大问题拆成小问题分别问。看数据能不能对上，对不上说明是豆包拼凑的。

反向提问。问豆包“关于这个问题，有哪些常见的误解，有哪些容易被忽略的事实”。通过反向视角，你能发现豆包是不是在重复一些错误信息。

第三招：人机协作——让豆包做粗加工，你做精加工。

豆包最合适干的，是信息搜集和初步整理，而不是最终输出。学会分工各取所长。

让豆包做信息检索员。告诉豆包“请帮我搜集关于碳中和的 10 个关键概念，每个概念用一句话解释，并附上相关的政策文件名称”。然后你拿着这些信息去政府网站、专业机构下载原文。

让豆包做信息整理员。把你找到的权威资料扔给豆包，让它帮你提炼摘要、整理框架。比如“请帮我从这份 2025 年政府工作报告里，把和数字经济有关的内容提出来，按现状、目标、措施分类整理”。豆包在整理现成的信息时，出现幻觉的概率会低很多。

让豆包做写作助手。当你需要输出内容时，先用豆包生成初稿，然后自己逐句核实事实、修改润色。把豆包当成能快速出初稿的实习生，你是最后的审核人。

避坑指南

和 AI 幻觉斗智斗勇时，一定要擦亮眼睛，避开这几个陷阱。

陷阱一：盲目相信看起来很专业的东西。

正确做法：豆包特别擅长用专业术语和数据把自己包装得很权威。那些看着很唬人的表格、数据、引用，可能是它瞎编的。越是看起来专业的，越得多留个心眼。

陷阱二：用一个问题去验证另一个问题。

正确做法：用豆包去验证它自己给出的信息，它往往会圆谎，为了保持一致继续编。交叉验证要用不同的方式问，最好用搜索引擎或权威数据库做最后核验。

陷阱三：对豆包太宽容。

正确做法：很多人觉得反正是免费的，错了也没事。但你要是做内容做产品，一个错误信息就可能让你信誉归零。养成核实信息的习惯，哪怕多花些时间。

关键提醒

AI 幻觉是豆包天生的特性。你能做的，是学会识别、过滤、查证。等你去伪存真的方法，豆包就不再是那个满嘴谎言的家伙，而是你最得力的信息帮手。记住：豆包负责快，你负责真。

风格迁移，让豆包拥有网感，写出真正的爆款

同样的选题，有人写出来就是爆款，有人写出来却无人问津。差别不在内容本身，而在网感——那种让你看了就想点赞、想评论、想转发的独特气质。网感过去靠天赋、靠积累、靠运气。但现在，你可以把它迁移过来。所谓风格迁移，就是让豆包学习你喜欢的大V、爆款文案的风格，然后模仿他们写出同样有网感的内容。当你掌握了这套方法，就能批量生产那种一看就想点进去的内容了。

案例速览

情感博主小雅做了两年账号，粉丝卡在5万上不去。她的内容没什么问题，就是太正了——温柔、理性、娓娓道来，用户不爱与她互动。于是，她开始研究那些头部情感号的文案，发现他们都有一个共同点：金句密集、情绪上头、像闺密聊天儿。

她把爆款文案复制下来，扔给豆包，指令是："请分析以下10篇爆款文案的风格特点，包括句式、用词、情绪节奏、互动钩子。然后模仿这种风格，把我写的这篇关于分手后如何走出来的文章改写一遍。"豆包

给出的改写版，保留了她原本的观点，但加了大量短句、反问、情绪词，还穿插了三个金句。她发出去后，第一次有了十万加阅读量。

方法拆解

为什么小雅能让豆包写出有网感的东西？以下这三个风格迁移的方法不可不重视。

方法一：别学内容，学形式。

很多人模仿爆款只模仿选题，看人家写分手火了自己也写分手，结果还是不火。因为你和别人的差距不在选题，而在表达方式。找几篇喜欢的爆款文案，让豆包帮你分析，这些文案平均每段多少字，喜欢用什么标点，有没有固定句式，开头怎么抓人，结尾怎么引导互动。把分析结果记下来，这就是风格公式。

方法二：别抄金句，学句式。

抄金句是最傻的模仿，因为金句是特定语境下的产物，换个语境就不打动人了。会学的人学句式，那些能批量生产金句的语法结构。让豆包帮你提炼句式模板，从爆款文案里找出最常用的几个句式，给出公式和示例。有了这些句式，你就能像套公式一样写出金句了。

方法三：别追热点，追情绪。

爆款的底层逻辑不是热点，是情绪。用户为什么会转发？因为你的内容替他说出了心里话，或者让他产生了强烈的共鸣。所以风格迁移的核心不是迁移题材，是迁移情绪表达的方式。让豆包分析爆款的情绪变化过程，开头用什么情绪抓住人，中间怎么调动情绪，结尾落在什么情绪上。然后模仿这种情绪节奏，把你的观点填进去。

实战演练

三步练就风格迁移术

把别人的网感迁移到自己身上，不是抄袭，是学习。下面三步帮你建立

起自己的风格。

第一步：建立风格样本库。

不要泛泛地学，要精准地学。先找到想模仿的风格对象。

在你所在的领域，找三到五个最喜欢、数据最好的博主。风格最好不一样，有毒舌的、有温暖的、有犀利的。存下他们最近几个月的爆款内容。

把每个博主的十篇爆款内容发给豆包，让它从几个方面分析：语言风格是书面语还是口语，长句还是短句；情感基调是幽默煽情还是理性；结构特点是总分总还是故事加观点；常用词汇有哪些；互动时怎么引导评论。每个博主生成一份风格分析报告。

根据分析报告，提炼出每个风格的“配方”。比如毒舌风格的配方是短句加反问加扎心真相加“你中了几个”结尾。温柔风格的配方是故事加共情加建议加“你也有过这样的经历吗”结尾。把这些配方存下来，以后可以直接用。

第二步：用配方改写内容。

有了配方，就可以开始干活了。

先写初稿。不管风格，先把你想说的核心观点写下来，用最自然的语言。这是你的原材料。

根据你要发的平台和目标人群，挑选合适的风格配方。比如发小红书就选闺密聊天儿风，发短视频平台就选毒舌扎心风。

把初稿和配方一起发给豆包。指令是“请按照以下风格配方改写这段内容：风格特点毒舌短句扎心，句式模板多用‘你以为……其实……’，情绪曲线开头扎心中间给希望结尾反问”。豆包会生成一个充满网感的版本，稍微调一下就能用。

第三步：建立你的独家风格。

模仿到最后，是为了有自己的风格。等你把各种配方用熟了，就可以开始融合创新了。

把两种不同风格的配方混在一起，让豆包生成新风格。比如毒舌加温暖会是什么效果，试试看。也许你能创造出独一无二的带刺的温柔。

每次发完内容看数据，哪条点赞高哪条评论多。把高赞的发给豆包，让它分析这篇比之前的好在哪儿，找出受欢迎的原因。根据分析结果调整配方。

等你找到一种数据稳定的风格，就把它固化成自己的模板。以后每次写东西直接套用，效率和质量都能上去。

避坑指南

在学习迁移风格时，这三个陷阱最容易让你翻车。

陷阱一：直接复制被判抄袭。

正确做法：迁移风格学的是表达方式，不是具体内容。直接把别人的句子拿来改几个字，那就是抄袭，平台会降权。一定要用自己的观点讲自己的故事，只套用别人的表达方式。

陷阱二：风格和内容不搭。

正确做法：挑风格时要看内容的基调，得相配才行。拿不准就让豆包出几个不同风格的版本，找朋友看看哪个顺畅。

陷阱三：把自己学没了。

正确做法：风格只是外衣，你的核心观点、你的经历、你的价值观才是内核。模仿的时候要保留那些只有你才有的东西。

关键提醒

网感不是玄学，是能拆开、能学习、能复制的技术。等你学会了风格迁移，就不再是那个内容不错但没人看到的小透明。你的每一条内容，都会拥有一张用户想点开的脸。这是AI时代给普通人最大的红利：让每个普通人，都能拥有爆款作家的表达力。

多模态协同，打通豆包和绘图 / 视频工具

脑子里有个不错的创意，想做张图或者剪条视频，但打开软件却不会用。有没有想过，其实你不需要学会所有工具。豆包最厉害的地方，不在于它能写文案，而在于它能充当你的翻译——把你的想法翻译给绘图工具，把你的脚本翻译给剪辑工具。当你把豆包和这些工具之间的通道打通，你就拥有了一条完整的内容流水线：豆包负责构思，其他工具负责执行。而你，只需要发出指令。

案例速览

宝妈苏苏全职带娃三年，想做个育儿账号补贴家用。但她不会画画，不会剪辑，连美图秀秀都用不好。2025 年，她发现了一种新的方法：多模态协同。

她想做一个 AI 育儿漫画账号，每天用豆包生成一个育儿小故事，比如“宝宝不愿意刷牙怎么办”。然后让豆包把故事转化成绘画提示词：“请为这个故事生成五个关键画面的描述，包括场景、人物表情、色彩风格。”她把提示词复制进免费的 AI 绘画工具，生成漫画分镜。再用豆

包生成短视频脚本和配音文案，用 AI 配音工具生成旁白，用剪映的 AI 功能自动生成视频。整个过程，她没有画过一笔图画，没有剪过一条视频。几个月后，她的账号积累了二十万宝妈粉丝，接到了不少广告。

方法拆解

为什么苏苏能用豆包把所有工具串联起来，而你还在一个软件里卡半天？也许你需要试试下面这三个实用的方法。

方法一：别学操作，学翻译。

遇到任何创作需求，先找豆包，然后把豆包给出的描述复制进设计软件，直接套用模板。这样，你就从操作者变成了指挥官。

方法二：别做全流程，做接口人。

以短视频为例：让豆包出选题库；让豆包出脚本框架；把脚本转成绘画提示词，让 AI 绘图生成素材；把脚本发给 AI 配音工具生成旁白；把所有素材扔进剪辑软件，用 AI 功能自动成片。你只需要在每个接口处检查、确认。

方法三：别追全能，追组合。

没有人能精通所有工具，但你可以精通工具组合。多模态协同的核心是找到最适合你的工具组合。比如做图文自媒体，可以用豆包加 Canva 加黄油相机；做短视频，可以用豆包加剪映加度加剪辑；做知识付费，可以用豆包加 Gamma 加通义听悟。找到你所在赛道的标配组合，先熟练，再慢慢扩展。

实战演练

三步打通你的多模态流水线

把豆包和其他工具串联起来，不靠技术，而靠思路。下面三步帮你建起自己的内容流水线。

第一步：盘点你的工具。

先搞清楚自己手里有哪些工具，以及它们能做什么。

打开手机和电脑，把所有创作类的 App 列出来。笔记软件、设计软件、剪辑软件、配音软件，哪怕只用过一次也写上。

把工具清单发给豆包，让它帮你按功能分类。豆包会分出文案生成类、图像处理类、视频剪辑类、音频处理类等。

对照你的创作目标，看看缺少什么工具。比如你想做视频但没有配音工具，就去搜索免费 AI 配音工具补上。工具不必多，每个类别有一两个顺手的就够了。

第二步：建立你的翻译模板。

有了工具，就要考虑怎么让它们听懂彼此的需求。你需要建立一套翻译模板，让豆包知道如何把它输出的内容转变成其他工具能用的格式。

建立一个固定的绘画提示词格式，让豆包每次生成都按格式来。例如："请为以下场景生成 AI 绘画提示词，格式包括主体、动作、环境、色彩、风格、构图。"以后每次需要图片，就用这个模板问豆包。

视频脚本翻译模板可以这样设定："请把以下内容生成短视频脚本，格式包括时长、画面描述、旁白文案、字幕建议、BGM 建议。要求画面描述清晰，旁白文案口语化。"这样生成的脚本，可以直接粘贴到剪辑软件使用。

PPT 翻译模板："请把以下课程大纲生成 PPT 内容方案，格式包括总页数、每页标题、每页要点、配图建议。"然后拿着这个方案，用 AI PPT 工具一键生成。

第三步：跑通你的最小可行性流水线。

不要试图一开始就搭建完美的流程。先选一个最简单的任务，跑通从创意到成品的全流程，以做一张知识卡片为例：

拆解任务：需要一句金句加一张配图。金句让豆包生成，配图让豆包生成绘画提示词，再用 AI 绘画工具生成。

按拆解的步骤一步步执行，记录每个步骤花费了多长时间、卡在哪里。如果卡在绘画提示词不够精准，就优化提示词模板。

跑通一次后，再跑第二次、第三次，直到整个流程流畅到十分钟内能完成。然后把这个流程固化成你的标准作业程序。以后每次做知识卡片，就按这个程序走。

避坑指南

在多模态协同中，这三个陷阱最容易让你卡住。

陷阱一：工具太多挑花眼。

正确做法：每个类别只留一两个最顺手的，用到极致。

陷阱二：格式不兼容来回折腾。

正确做法：提前研究工具的导入导出格式，让豆包按目标工具能识别的格式输出。

陷阱三：忘了人工审核。

正确做法：自动流水线虽然快，但 AI 生成的内容可能出错。每一步输出都要人工检查，尤其是关键信息。

关键提醒

多模态协同的核心不是会用多少工具，而是建立一套让工具为你工作的系统。在这个系统里，豆包是大脑，其他工具是手脚。你只需要告诉大脑你想要什么，大脑就会指挥手脚去执行。当这套系统运转顺畅之后，你会发现，以前需要一周完成的工作，现在可能只需要一小时。

驯服熊孩子，豆包输出不稳？用实战纠错

豆包写出的东西有时候让人很满意，有时候又让人哭笑不得。只能安慰自己：AI 嘛，就这样。不是豆包靠不住，是你还没学会怎么训练它。豆包就像一个精力旺盛但情绪不稳定的熊孩子，状态时好时坏。你要做的不是抱怨，是学会一套办法——它跑偏了怎么拽回来，它犯浑了怎么纠正。

案例速览

带货主播阿枫每天要用豆包生成十条文案，发在短视频和朋友圈。刚开始他经常被坑，有时候文案太啰唆，有时候卖点不突出，有时候语气完全不对。有一次他让豆包写一款面膜的宣传稿，豆包居然写出了“用了之后皮肤像剥了壳的鸡蛋”这样的文字。问题是那款面膜主打抗衰老。

后来他给自己定了一套规矩：第一步，先看问题出在哪儿——是风格不对、逻辑不对还是事实错了；第二步，针对不同问题用不同办法纠正；第三步，把改好的案例

存下来，下次让豆包先学再干。现在豆包出的文案，九成以上能直接用，偶尔出问题他也能几分钟搞定。

方法拆解

阿枫能把豆包从熊孩子训练成乖孩子，靠的是以下三个方法。

方法一：别光说重来，要说哪里不对。

很多人看见豆包输出不对，就甩一句重写。结果豆包重写一遍还是那个样子，甚至更差。因为重写这两个字没有告诉它任何有用的信息，它不知道上次错在哪里，只能瞎蒙。你得跟带实习生一样，告诉它具体哪里有问题。

方法二：别光给批评，要给样子。

批评只能让豆包知道错了，但不知道什么是对的。给个对的例子，它学起来会快得多。因为它能从例子里看出规律，照着来。手动改完以后，把改好的版本发回去，跟它说“我改了几个地方，你分析一下我为什么这么改，记住这些，下次按这个标准来”。这样操作几次，它就能记住你喜欢什么样式的了。

方法三：别指望一次搞定，要来回调整。

很多人希望一次对话就把问题全解决，但豆包学东西是一个慢慢来的过程。跟训练新人一样，不可能一次教会所有事情。你得有个持续调整的方法，让每次对话都比上一次强一点。每次聊完做个总结，让豆包把你提的意见归纳成几条规则记下来。比如“规则一：开头要短，两句话以内；规则二：卖点要突出；规则三：结尾得让人想互动”。下次开新对话前，先把这几条规则发给它，让它复习一遍再干活。

实战演练

三步搞定豆包纠错

碰上豆包输出不稳，先不要急着换工具，也不要自己生闷气。用下面三步，把问题一个个解决掉。

第一步：看看豆包到底错在哪里。

豆包出的问题，一般可以分成几类。先分清楚再动手。

风格类问题：语气不对、太啰嗦、太生硬、不符合平台的风格。判断标准是“哪块让自己觉得别扭”。

逻辑类问题：结构乱、前后矛盾、例子和观点对不上。快速扫一遍，看能不能在几秒内抓住重点，抓不住八成是逻辑乱了。

事实类问题：数据错了、概念混了、编案例。凭自己的常识判断，拿不准就去核实。

创意类问题：太平淡、没亮点、像套模板。问自己看完想不想转发，不想转就是创意不行。

第二步：不同毛病用不同方法纠正。

毛病不一样，纠正的方法也不一样。

风格类毛病：“这次的话太官方了，不够亲切。用口语重写，多带‘你’，加点语气词，跟朋友聊天儿似的。可以参考这段话的风格——”把你喜欢的文案贴进去。

逻辑类毛病：“这篇结构有点儿乱，抓不住重点。重新排一下，按‘痛点、原因、办法、行动’的顺序写。每个模块加个小标题，让人一眼能看明白。”

事实类毛病：“这个数据我查了不对，实际是多少。把这个数改过来。以后给出事实性的东西，都标上信息来源。”

创意类毛病：“这篇太平淡了，没有让人想转发的冲动。加个反常识的观点，或者一句扎心的话，或者一个让人没想到的故事。”

第三步：建一个好东西库，让豆包记住你的标准。

想让豆包一直稳定，得建一个好东西库。

把你觉得好的内容存下来。过去豆包出得不错的，或者你动手改完的，都留着。按类分好，比如爆款标题库、带货文案库、短视频脚本库。

每次开始新任务前，先把相关类别的例子发给豆包。跟它说“这是我以前觉得好的带货文案，你学学风格、结构和用词。然后按同样的标准，给我写一篇关于某某的文案”。

每次修改要总结规则，比如“开头别用大家好”“每段别超过三行”，都记下来。下次开始新对话前，先把这些规则发给它，让它带着规矩干活。

避坑指南

管理豆包并不容易，这三个陷阱最容易让人心态崩溃。

陷阱一：期望太高，一次不行就放弃。

正确做法：给豆包点儿耐心，多调几回，它会越来越懂你。

陷阱二：话说得太笼统，豆包听不懂儿。

正确做法：你说“这个不好”，它不知道怎么办。你说“这个开头不够抓人，前三句就得把痛点说出来”，它就知道怎么改了。话说得越详细，它越听话。

陷阱三：每次都从零开始，不积累经验。

正确做法：每次和豆包说话都是全新的开始，不把以前教的东西带过来，它永远记不住你喜欢什么。建个规则库和例子库，每次开始前先喂一遍，让豆包带着记忆干活。

关键提醒

豆包输出不稳，不是它的错，是你还没教会它你的标准。跟训练新人一样，得有点儿耐心、有点儿方法、来回磨合。等你把自己那套纠错的方法和例子库建起来，会发现，那个让你头疼的熊孩子，慢慢变成了最懂你、最稳定的好帮手。

章末问答

问：为什么我让豆包写的东西总是“AI 味”很重？

答：因为你没给它“人设”。试试这样问：“你是一个有 10 年经验的资深 HR，用朋友聊天的方式，帮我写一段职场建议。”你会发现，味道立刻变了。

问：豆包给出的数据可以直接用吗？

答：不要直接用，一定要验证。让豆包提供来源，或者自己搜一下。把它当成“线索提供者”，而不是“答案机器”。

问：我让豆包模仿某个博主的风格，会不会侵权？

答：模仿风格没问题，但不要复制内容。让豆包学习博主的句式、结构、情绪节奏，然后用自己的故事填充，这就是原创。

问：豆包输出不稳定，有时候很好有时候很烂，怎么办？

答：建立“正确示范库”。把满意的内容保存下来，下次让豆包先学习再干活。像训练员工一样，它就会越来越懂你。

第四章 赛道掘金：短视频时代的三大玩法

短视频的风口还在，但玩法早已发生了改变。零粉丝怎么日涨千粉？不敢露脸怎么打造真实人设？睡觉时怎么让豆包替你直播带货？在这一章，我们拆解当下最火的五种短视频玩法，从脚本到拆解，从流量到人设，每一步都有豆包帮你加速。看完你会发现，做短视频，原来可以这么简单。

流量篇：零粉丝也能日涨千粉

辛辛苦苦做了三个月内容，每条视频播放量都不高。你开始怀疑自己是不是不适合做自媒体，或者这个赛道已经卷得容不下新人了。在短视频时代，粉丝数不是门槛，内容本身才是。哪怕是新号，哪怕一个粉丝都没有，只要内容符合平台的推荐机制，它就会把你的视频推给成千上万的人看。

案例速览

小陈是一名外卖员，每天工作都很辛苦，收入却不怎么样。一天他刷到了一个网红外卖员，对方有很多粉丝，他十分羡慕，也想吃互联网这碗饭，于是注册了一个账号，取名“外卖小哥在苏州”。他不会剪辑，不会写文案，只做一件事：每天送餐路上，用手机拍下他看到的有意思的事。空闲的时候，他就把原素材扔给豆包，让豆包帮他写文案：“请根据这段视频，写一个六十秒的口播文案，要真实、接地气，带点外卖员的视角。”然后他对着镜头念，配合视频发布了出去。第一条视频播放量只有200，第二条就升到了3000。第三条他拍了一个客户让他帮忙

扔垃圾，顺手拍下客户家门口的外卖盒，配文案“一个人住，一个月点了30顿外卖，垃圾桶全是盒子”。这条视频播放量120万，一夜涨粉8000。

方法拆解

为什么一个外卖员制作的视频能轻松破百万播放，而你精心策划的内容却没人看？下面这个三个零粉丝起号的方法不妨一试。

方法一：做真实，不做精致。

很多人做短视频，第一反应是要精致：买好的设备，打光，化妆，写精美的脚本。结果做出来的内容精致但无聊，用户一看就是演的，直接划走。把你的手机当成第三只眼，记录你真实的生活，越真实越有人看。让豆包帮你把真实素材提炼成文案，而不是编造故事。

方法二：抢时效，不等完美。

很多人拍完视频，反复剪辑、加特效、配乐，折腾半天才发。结果热点过了，别人早就发了。在短视频平台，时效性是很重要的权重因子。同一个话题，谁先发，平台就给谁更多流量。所以要建立快速发布的习惯，拍到素材，第一时间用豆包生成文案，用最简单的剪辑软件加字幕就发。

方法三：抓爆点，不求全面。

新手最容易犯的错误，是想在一分钟把所有东西讲完。结果什么都没讲透，用户看完没印象。爆款视频往往只抓一个点，把这个点讲透就能火。拍完素材问自己：这里面最打动我的是哪个瞬间？然后只讲这一个。

实战演练

零粉丝如何起号

零粉丝起号不需要技巧，需要方法。下面三招帮你从零到一跑通流量。

第一招：找对赛道。

不是所有赛道都适合零粉丝起号。竞争太激烈的领域，新人很难出头。你要找一个内容相对少一些的领域。

盘点你的生活半径。你每天接触什么？外卖员接触街头巷尾，宝妈接触育儿日常，店员接触形形色色的顾客，学生接触校园生活。你的生活里就藏着别人看不到的风景。

让豆包帮你分析赛道机会。把可能加入的赛道告诉豆包，让它帮你看看。比如“我想做一个外卖员视角的账号，帮我分析这个赛道的优势和机会，目前做得好的账号有哪些，他们的内容有什么特点”。豆包会给你一份分析报告。

找到你的差异化标签。在分析基础上找到你和别人不一样的地方。同样是外卖员，你是苏州的外卖员，是晚上送夜宵的外卖员，是喜欢拍猫的外卖员。这个标签就是你的流量密码。

第二招：建立生活素材库。

零粉丝起号不用编故事，你的生活就是最好的素材库。

开启随手拍模式。不管看到什么，只要感觉有意思，就先拍下来再说。哪怕觉得可能没用也先拍下来。每天至少拍五条素材，每条一分钟以内。养成习惯后，你会发现生活中到处都是素材。

给素材分类。每天睡前把当天拍的素材简单分类。比如奇葩顾客、暖心瞬间、搞笑翻车、生活感悟。分得越细，以后找起来越方便。

让豆包帮你找选题。如果今天没拍到有意思的内容，可以问豆包。比如“我是外卖员，今天没遇到特别的事但想拍条视频，帮我头脑风暴十个可能的话题，比如送餐遇到前女友怎么办这种假设场景”。豆包会给出一堆选题，挑一个拍摄。

第三招：用数据优化内容。

发完视频不是结束，是开始。数据会告诉你下次该拍什么。

关注三个核心指标。完播率看多少人看完了，点赞率看多少人点赞了，评论率看多少人评论了。完播率低说明开头不够吸引人，点赞率低说明内容不够有价值，评论率低说明没引发共鸣。

让豆包帮你分析数据。把视频数据发给豆包，让它给出具体建议。

建立爆款模板库。当你制作出几条数据不错的视频后，让豆包帮你分析它们的共同点。比如“分析这几条播放量较高的视频的共同特点，包括开头方式、内容结构、情绪节奏、时长，提炼出一个可以复制的爆款模板”。以后写脚本直接套用。

避坑指南

零粉丝起号时，要注意这三个陷阱，避免徒劳无功。

陷阱一：太在意垂直，不敢跨界。

正确做法：零粉丝阶段最重要的是试错。你可以发不同方向的内容，看哪个数据好往那个方向深耕。

陷阱二：太在意人设，忘了真实。

正确做法：零粉丝阶段最重要的就是真实，越真实越有人喜欢。

陷阱三：太在意流量，忘了积累。

正确做法：一条视频爆了不要只顾着高兴，要把经验沉淀下来。下次怎么复制，怎么延续。让豆包帮你总结规律。

关键提醒

零粉丝不是劣势，是你的护身符。因为没什么可失去的，所以什么都敢试。多尝试，试错了换方向，试对了放大做。当你把短视频当成记录生活而不是做内容，流量会主动找上门。因为最打动人的，永远是真实的生活。

人设篇：用视频通话打造真实博主

有一种视频：一个人拿着手机，像是在和谁视频通话，对着屏幕吐槽、倾诉、分享。你会忍不住停下来，因为这种感觉太奇妙了——不像是在刷视频，像是在无意中闯进了别人的私密对话。这是 2025 年很火的一种视频形式：视频通话式内容。它不需要精致布景，不需要专业设备，甚至不用面对镜头。只需要拿起手机，假装在和闺密、和爸妈、和老板视频，把想说的话说出来。这种形式最大的好处是：它自带信任感。

案例速览

小敏做行政工作，一直想做自媒体但不敢露脸。她试过拍风景、拍宠物、拍PPT，都没什么起色。直到她刷到一个视频：一个女生对着手机假装和妈妈视频，吐槽工作中的奇葩事，播放量几百万。她灵机一动：我也可以试试。她开始用假装和闺密视频的形式，分享职场里的真实经历。她让豆包帮忙写脚本："请以和闺密视频吐槽的形式，帮我写一段关于领导让我背黑锅的口播文案。要口语化，带语气词，像真的在和朋友聊天儿。"她对着

手机录，假装那边是闺密，表情语气特别自然。第一条视频播放量就高达 20 万，第二条更是翻了一倍，一个月后粉丝破了 10 万。现在她辞职专门做博主，每条广告报价五位数。

方法拆解

为什么视频通话形式能快速让人记住你？这三个打造人设的方法值得学习。

方法一：演真实，不演完美。

在传统短视频里，博主都在演完美的自己：精致的妆容，流畅的表达，完美的逻辑。大家看多了也审美疲劳，而且知道是演的。视频通话这种形式，打破了表演感。因为你在通话，你可以口吃、可以停顿、可以有情绪，甚至可以哭、可以笑、可以生气。这些在传统视频里是失误，在视频通话里却是真实。

方法二：说经历，不说道理。

视频通话的形式天然适合讲故事，因为你在和朋友视频，当然是在讲自己身上发生的事。把你想说的道理，包装成自己亲身经历的故事，这样更容易让人记住。

方法三：抓情绪，不求全面。

传统视频追求信息密度，一分钟要讲三个知识点。视频通话追求情绪密度，一分钟只讲一件事，但要把这件事的情绪讲透。大家记不住你讲了什么，但会记住你带给他的感觉。你可以选一个最有情绪的点，放大来讲，让大家跟着你一起委屈一起愤怒。情绪到位了，大家自然会关注你，想看你下次又经历了什么。

实战演练

三步打造你的视频通话人设

不用怕露脸，不用会表演，只要一个手机和豆包，你也能做出让人上头的视频通话内容。

第一步：找个跟你说话的人。

视频通话这种形式，关键是要有说话的对象。你要确定你在跟谁聊。

根据你的人设，设定一个虚拟的通话人。比如你是职场博主，可以设定通话人是大学室友、前同事、表妹。你是情感博主，可以设定通话人是闺密、发小、妈妈。通话对象决定了你说话的语气和内容。

写脚本前先让豆包帮你设定角色。指令是“现在我要录个视频，假装在和我大学室友视频聊天儿。帮我设计室友的性格、我俩的关系、她最近的状态，让我能想象出她什么样”。有了具体想象，说话会更自然。

视频里时不时叫一声对方的名字，比如“我跟你说小丽，昨天我遇到个奇葩”。名字会让通话的感觉更真实。

第二步：用豆包写通话脚本。

视频通话的脚本，跟传统脚本完全不同。它要口语化，要碎片化，要有情绪。

把你想要表达的核心观点写成一段话，然后让豆包帮你改成聊天儿的形式。指令是“把下面这段话改写成和闺密视频聊天儿的形式。要求多用短句，多用语气词，加入一些重复和停顿，像真人在说话”。

在脚本里标注情绪点，比如这里要委屈一点、这里要生气、这里要笑出声。录的时候照着情绪走，比背台词自然得多。

加点假装听对方说话的停顿，比如“真的吗”“啊”“那你后来咋办的”。这种停顿会让观众觉得真的在偷听你们聊天儿。

第三步：用一条过的方式录制。

视频通话这种视频，最怕反复重录。越重录越僵硬，越像在演戏。

在正式录之前先对着手机聊两分钟废话，说说今天吃了什么、天气怎么样。让自己进入聊天儿状态，而不是拍摄状态。

说错了没关系，笑场了没关系，卡壳了也没关系。这些失误恰恰是最真实的地方。要是错得太离谱，停下来笑一笑说“哎呀重来”，剪掉就行。

如果觉得哪段说得不好，可以转成文字让豆包帮你重写。指令是“这段话说得不够好，帮我改得更有情绪更口语化”。然后照着改好的重录那段。

避坑指南

在打造视频通话人设时，务必避开这三个陷阱。

陷阱一：演得太假像念台词。

正确做法：把脚本记个大概，用自己的话说出来。或者干脆不记脚本，只记几个关键词现场发挥。

陷阱二：情绪太满用力过猛。

正确做法：真实的情绪是自然流露的，不是演出来的。你今天心情平静就拍平静的内容，今天委屈就拍委屈的内容。不要为了内容假装情绪。

陷阱三：内容太散没有核心。

正确做法：视频通话形式可以随意，但内容不能太散。一分钟的视频要有个核心观点，让人看完能记住。让豆包帮你提炼这段视频的核心观点是什么，用一句话概括。能概括出来才可以。

关键提醒

视频通话式内容，是普通人做短视频最容易上手的一种方式。因为它什么门槛都没有，只需要你拿起手机，假装在和朋友聊天儿。豆包是帮你把聊天儿内容变得更有意思的工具。当你不再把拍视频当成表演，而是当成记录生活，你的每一个粉丝，都会像朋友一样，愿意听你说话。

带货篇：
AI 复刻形象，24 小时无人直播

你睡觉的时候，上班的时候，出去旅游的时候，有没有可能还有一个“你”在直播间里卖货？这不是科幻电影，这是 2025 年发生的事。AI 数字人直播，正在改变带货的规则。以前直播需要真人出镜，需要长时间在线，需要保持状态。现在只需要录制几分钟视频，AI 就能复刻出形象、声音、表情，然后 24 小时不停地在直播间介绍产品、回答问题。

案例速览

二胎妈妈静姐在义乌做小商品批发，主要卖厨房收纳用品。她想做直播带货，但每天要带孩子、理货、发货，根本抽不出时间。有一天她在刷视频时，无意中看到了一个直播，接触到了 AI 数字人直播技术。

她深受启发，于是花了一个下午，用手机录了 10 分钟视频，对着镜头介绍了几款热销产品，然后把素材发给技术公司，生成了她的 AI 数字人。现在她开了两个直播间，一个卖厨房收纳，一个卖家居好物，都是 AI 数字人 24 小时自动直播。真人偶尔上线互动一下，处理订单。她终于可以一边带孩子，一边在线卖货了。

方法拆解

为什么 AI 数字人直播成了 2025 年带货的新风口？也许你需要知道这三个无人直播的方法。

方法一：拼覆盖，不拼时长。

真人一天也就播 8 到 10 个小时。而 AI 数字人能 24 小时不停播，什么时间段都能覆盖。时间上全覆盖，流量机会能多出两三倍。

方法二：拼产品，不拼口才。

真人直播十分考验临场发挥和互动能力。AI 数字人现在还没法像真人那么灵活，但它稳定。它能把产品的每个卖点都讲得清清楚楚，不会漏，不会错，不会带着情绪。可以让豆包多出几个版本的脚本，覆盖不同用法、不同人群的痛点。然后让 AI 数字人轮着播，保证每个进来的人都能听到最能引发共鸣的版本。

方法三：拼转化，不拼互动。

真人直播互动更好，但也分心。AI 数字人互动差一点儿，但转化能力更强。它讲东西是标准化的，购物车、优惠券、限时抢都能自动弹出来。用户进来听着讲解看着东西，直接下单，流程很顺。

实战演练

三步搭建你的 AI 无人直播间

AI 数字人直播听着很神奇，其实门槛不高。下面三步帮你从零开始。

第一步：生成 AI 数字人。

现在有不少 AI 数字人生成工具，操作越来越简单。

找个光线好的地方，用手机或相机录一段三到五分钟的视频。对着镜头自然地说话，可以是自我介绍或产品介绍。关键是口型要清楚，表情要自然，背景要干净。这段视频就是 AI 模仿你的样子和声音的素材。

搜索 AI 数字人生成平台，有免费有收费。挑评价好、操作简单的，把视频素材传上去。等上几小时到一天，数字人就出来了。

生成后先测试一下。输出一段文案让它念，看看口型对不对得上，表情自不自然，声音像不像你。效果不好重录素材再生成一次。

第二步：设计你的直播脚本。

AI 数字人直播，脚本是关键。需要多准备几套脚本让它轮着放。

每个产品准备三到五个不同角度的讲解脚本。有的侧重功能，有的侧重价格，有的侧重使用场景，有的侧重用户痛点。让豆包帮你生成。指令是“为这款厨房收纳盒生成三个不同角度的一分钟讲解脚本。角度一从厨房太乱的痛点切入，角度二讲功能、讲能装多少东西，角度三讲价格优势、说今天特价。要求口语化，适合直播讲解”。

设计互动引导话术，比如“刚进来的宝宝点个关注”“领券再下单更划算”“这款库存不多了要的快拍”。隔一阵播一次，引导用户行动。

准备特殊情况的话术，比如“网络卡顿请稍等”“主播暂时离开马上回来”。出状况时可以用。

第三步：搭建并优化直播间。

有了数字人和脚本，就能开播了。

主流平台都支持数字人直播，但规则不一样。有的平台对数字人直播有限制，得提前了解清楚。可以先从小平台试起，流程跑顺了再上大平台。

配上 AI 客服工具，把常见问题，比如“多少钱”“怎么发货”“什么材质”这些设好自动回复。用户觉得有人在互动，其实都是自动的。

虽然不用真人播，但数据要定期看。哪个时间段人多，哪个产品卖得好，哪个脚本把人留住了。让豆包帮你分析数据，一点一点调整。指令是“帮我分析过去一周的直播数据，找出流量多的时段、卖得最好的产品、直播间在线人数流失最多的环节，给点优化建议”。

穿插真人直播。可以每天安排一两个小时真人上线互动，回答深度问题，建立信任。其他时间交给数字人。

避坑指南

进行 AI 无人直播，这三个陷阱最容易踩。

陷阱一：没有摸清平台规则被封。

正确做法：开播前一定把规则弄明白，省得辛苦搭起来的账号说没就没了。

陷阱二：数字人太假让人不相信。

正确做法：数字人要是太假，反倒坏了口碑。宁可多花点钱，做个效果好的。

陷阱三：脚本太刻板留不住人。

正确做法：脚本得够多，让人每次进来都能听到不一样的内容。可以用豆包建脚本库，常换常新。

关键提醒

AI 数字人直播，不是要把真人换掉，是把真人从重复劳动里解脱出来。不用再熬通宵播到嗓子冒烟，只管在幕后把产品弄好、脚本写好、数据看好。让 AI 替你站前台干重复的事。即便是在你睡着的时候，数字分身依然在替你赚钱。这是 AI 时代值得追求的睡后收入。

脚本篇：豆包 30 秒生成高完播率爆款

发现了一个不错的视频，不仅看完了，还点了赞，留了言，甚至转给了朋友。你觉得碰上了好内容。但如果告诉你，这条视频的脚本只花了 30 秒就写出来了，你信吗？那些看起来特别自然的视频，背后都有一套能反复用的脚本结构。只不过以前这套东西要靠天赋、靠积累、靠一次次试错才能摸索出来。现在只需要把公式告诉豆包，它在短短几十秒内就能生成一个看着就像爆款的脚本。

案例速览

小周在杭州做房产中介，每天带客户看房，成交率不高。他想拍短视频攒点客户，又因为不会写脚本而苦恼。每次对着镜头脑子一片空白，拍出来的东西自己都不忍心看。

直到他刷到一个同行分享的爆款脚本公式：痛点加故事加解决方案加行动号召。他把公式告诉豆包："请按照痛点、故事、解决方案、行动号召的结构，帮我写

一个关于第一次买房最容易踩的三个坑的短视频脚本，一分钟长，口语化，适合中介口播。”豆包 30 秒就给出了一个完整的脚本，他照着念了一遍配合视频发了出去。

那条视频播放量 50 万，加了 30 多个客户微信。此后他每天让豆包生成五条脚本，挑一条拍，不久就成了公司的销冠。

方法拆解

掌握下面这三个方法，你也能像小周一样，用 30 秒生成的脚本做出爆款视频。

方法一：写脚本，不写文章。

很多人写短视频脚本，像是在写文章：开头、发展、高潮、结尾，逻辑顺文采好。但短视频不是文章，观众没耐心看你起承转合。短视频得是情绪的过山车，开头就得抓人，中间得扎心，结尾得让人想互动。让豆包按脚本思维来写，不是写一段话，是把画面和声音对应着写出来。指令格式可以是“要一个一分钟的短视频脚本，格式包括时间、画面、声音。要求前三秒必须抓住注意力，中间有情绪转折，最后十秒引导互动”。这么写出来的东西才可能成为爆款。

方法二：做切片，不做大而全。

新手最容易犯的毛病，是想在一分钟内把所有东西讲完，结果什么都没讲透。爆款视频往往只讲一件事，甚至只讲一个点。比如买房踩坑，不要把所有坑都罗列一遍，就讲第一个坑，被样板间骗了。一个点讲透了，观众才能记住。

方法三：用模板，不靠灵感。

爆款不是灵感的产物，是模板的产物。试着让豆包提炼模板，指令可以是“分析这几个爆款视频，提炼出一个通用的脚本模板，包括开头方式、内容结构、情绪节奏、结尾钩子”。有了模板就能批量生产了。

实战演练

三步建立你的爆款脚本流水线

从今天开始不要再自己憋脚本了。用下面三步，让豆包给你当脚本工厂。

第一步：先攒个爆款素材库。

每天刷视频的时候，看见不错的、数据高的、想学的，第一时间存下来。不要偷懒，放手机或电脑里，按主题分好类，比如情感类、干货类、搞笑类。

每周挑三到五条爆款发给豆包，让它帮你分析。指令是“分析这条视频为什么火，从这几个方面看：开头前三秒用了什么技巧，中间讲几个点，情绪怎么变化，结尾怎么引导互动。总结出一个能用的格式”。

把分析结果整理成文档，比如爆款开头十种方法、爆款结尾八种套路、爆款情绪节奏三种模型。这就是你的“秘籍”，以后写脚本随时用。

第二步：套上模板批量出活。

素材库有了，就能开始生产了。

要讲什么主题，就从爆款要素库里挑选合适的模板。比如要讲职场被欺负怎么办，可以选亲身经历模板。

把模板和主题一起扔给豆包。指令是“用亲身经历模板帮我写一分钟脚本，主题是职场被欺负怎么办。模板要求开头用一句话概括扎心真相，中间讲个真实经历，结尾给三条建议。口语化，适合口播”。

同一个主题，让豆包多出几个不同角度的版本。比如再生成三个不同角度的版本，角度一从受害者视角，角度二从旁观者视角，角度三从过来人视角。你可以挑最好的拍，或者把几个版本的优点揉一块。

第三步：用数据倒推调整模板。

脚本拍完发出去并不意味着万事大吉。数据会告诉你哪个模板好用，哪个得改。

建表格，记下每条视频的播放量、点赞量、评论量、转发量，还有你用了哪个模板、哪个主题。

每周把数据发给豆包，让它帮你找规律。指令是“分析我这周的数据，找出表现最好的三条视频，看它们用了什么模板、有什么共同点。表现最差的三条问题出在哪儿。给出优化建议”。

根据分析结果，把表现差的模板淘汰掉，表现好的再优化。比如发现反常识模板数据最好，就多收集这类案例，让豆包帮你提炼更详细的子模板。你的模板库会越来越丰富，脚本质量越来越高。

避坑指南

用豆包生成脚本时，这三个陷阱最容易翻车。

陷阱一：完全照搬，没有自己的味道。

正确做法：豆包生成的脚本再好，也不是独特的。你得加点自己的经历、自己的语气、自己的小习惯，才能变成你的东西。

陷阱二：只生成不优化。

正确做法：30 秒生成的脚本是初稿，不是成品。你需要从头读一遍，把不顺口的地方修改一下，调整不符合自己说话习惯的地方。花 5 分钟优化，效果可能好很多。

陷阱三：只拍一条不测试。

正确做法：同一个主题，可以拍三个不同的版本，分时段发，看哪个数据好。数据好的那个就是你的爆款配方，以后可以多套用。

关键提醒

脚本以往是做内容的人最难过的坎。不会写脚本，再好的想法也表达不出来。现在豆包把这扇门给拆了。你不用会写，只需要会指挥。告诉豆包你要什么，它给你生成，你拿去拍。等别人还在为一条脚本想一天的时候，你已经拍了五条发出去了。这就是AI时代的速度优势。

拆解篇：
从招财视频到穿搭导师，流量密码全解

很多视频看起来画面普通，人普通，内容也普通，但就是火了，几十万点赞，评论区全是“太真实了”。你想不明白，凭什么？我的视频内容比它好多了，怎么没人看？答案很扎心：因为你不会拆解。你以为自己在看视频，其实你是在看结果。真正会看的人，看的是过程。他们刷视频的时候，脑子里会自动拆解：这条视频为什么火，用了什么结构，表达了什么情绪，赶上了什么时机。然后把拆解出来的东西用在自己内容上，不断进步。

案例速览

小杨开了一家服装店，想做穿搭博主，但流量一直上不去。于是她开始干一件事：每天花一小时，专门拆解穿搭爆款视频。

她不光看，还把每条爆款视频下载下来发给豆包，让豆包帮她分析。指令是：“拆解这条穿搭视频为什么火，从这几个方面看：开头怎么抓人，展示了几个穿搭，用了什么拍摄角度，背景音乐有什么特点，评论区都在聊

什么。总结出三条能用的要点。”一个月下来，她攒了二百多条爆款拆解报告，总结出三秒换装、一衣多穿、平价替代等十几个爆款模板。

她用这些模板重新做账号，迅速积累了很多粉丝，店里的生意红火了起来。

方法拆解

为什么小杨能从拆爆款里找到适合自己的路？你可以跟她学习下面这三条拆解的方法。

方法一：学底层，不学表面。

普通人看爆款，看到的是表面：她穿了这件，她说了这句话。高手看爆款，看到的是底层：她为什么挑这件，这句话触动了什么，设计这个动作是为了什么。如果你也想挖底层，不妨让豆包帮你，可以从这几个角度下手：情绪价值让用户哭或笑或共鸣，实用价值让用户学到东西，社交价值让用户想转发，审美价值让用户觉得好看。

方法二：追规律，不追爆款。

爆款是个例，规律才能反复用。要学会从一堆爆款里找出共同的规律。不要只拆解一条，要拆解一批。同一个领域找 20 条爆款，让豆包帮你找共同点。指令是“分析这 20 条穿搭爆款，找出它们共同的开头方式、共同的内容结构、共同的拍摄手法、共同的互动钩子，提炼出一个能反复用的爆款模板”。有了模板，就能批量生产。

方法三：凭数据，不凭感觉。

爆款之所以是爆款，是因为数据证明它好。要用数据倒推它为什么好。看爆款不光看视频本身，还要看评论区。评论区是用户的真实反应。让豆包分析评论，找出高频词，观众讨论最多的是什么，他们在表达什么情绪，他们是什么身份。这些信息会告诉你这条视频到底戳中了谁。

实战演练

三步成为爆款拆解师

拆解是做内容好方法。下面三步，帮你从看热闹变成看门道。

第一步：建立爆款样本库。

拆解的前提是要有东西拆，所以你需要有一个爆款库。

每天花半小时，刷相关领域的内容，看见数据好的点赞过万、评论过千就存下来。不要光看一个平台，主流平台都看一遍。每个领域存 10 到 20 条。

每周把爆款视频按类型分好。比如穿搭领域可以分成穿搭教程类、单品测评类、购物分享类、改造前后类、避坑指南类。分得越细，后面分析越准。

每条视频存的时候顺手标注几个关键信息：发布时间、博主粉丝数、点赞数、评论数。这些能帮你判断这条爆款是大 V 常态还是素人爆红，后者更值得学。

第二步：让豆包帮你深入拆解。

有了样本，下一步是拆解。这一步豆包是你最好的帮手。

把视频发给豆包，让它做基础拆解。指令是“拆解这条视频的基本结构，包括时长、开头方式、内容分段、结尾方式，用表格呈现出来”。

基础拆解完再做深度分析。指令是“进一步分析这条视频的爆款原因：表达了什么情绪，提供了什么价值，有什么独特的人设，评论区的高频词是什么，可能触发了平台的什么推荐机制”。

后让豆包帮你提炼模板。指令是“根据以上分析，提炼出一个通用的脚本模板，包括开头话术模板、内容结构模板、结尾互动模板，让我能直接套用”。

第三步：攒自己的流量密码库。

拆解多了会发现，很多规律是相通的。把规律攒成系统，就是你的流量密码库。

把你拆解的所有模板和规律，按赛道分好。比如穿搭赛道流量密码、美妆赛道流量密码、职场赛道流量密码。每个赛道下面再分子类。

定期把你攒的拆解报告发给豆包，让它帮你归纳。指令是“根据我过去一个月拆的五十条穿搭爆款，总结出这个赛道的五条核心玩法，每条给出具体操作方法和案例”。

用总结出来的玩法去指导创作。每发一条视频，记下用了哪个玩法，数据怎么样。数据好的留着，不好的淘汰或优化。你的玩法库会越来越精准。

避坑指南

在拆解爆款视频的过程中，这三个陷阱最容易走偏。

陷阱一：只拆不解，变成收藏家。

正确做法：每拆一条都要问自己，我能学点什么，能不能用上。能用上的拆解才是真拆解。

陷阱二：只拆一个平台，眼界太窄。

正确做法：主流平台都要看，甚至国外平台也可以看看。把不同平台的玩法揉到一块，往往能整合出新东西。

陷阱三：只拆解自己领域，错过跨界的好点子。

正确做法：很多新玩法是从其他领域跨界过来的。比如穿搭可以学美食领域的探店模式，职场可以学情感领域的扎心模式。每周拆解几条其他领域的爆款视频，可能有意外收获。

关键提醒

爆款视频拆解是很重要的本事，因为创作规律就在那些已经火起来的内容里。不用重新造轮子，只需要学会拆轮子、装轮子。等你把拆解变成习惯，就会发现流量不再是玄学，是能猜想、能复制、能控制的东西。

生成 PPT，睡后卖出千次

很多人都做过 PPT，但大多数都是用完就扔在文件夹里吃灰；而有些人把同样的内容做成模板，一份卖几十块，能卖出几千份，睡觉的时候也在进账。PPT 是个容易被忽视的赚钱机会。因为很多人都可能用得上，但大多数人要么懒得做，要么不会做，要么没时间做。只需要准确找出经常有人需要的模板，用豆包批量生成模板，就有可能卖出无数次。

案例速览

王芳在一所学校教了十年语文，最拿手的是做班会课件。2025 年，她发现网上有人卖 PPT 模板，心想自己做的班会课件比那些花里胡哨的模板实用多了。

她开始用豆包批量做班会 PPT。先定主题，比如期中考试动员、预防校园欺凌、新学期新目标，然后让豆包生成 PPT 大纲、每一页的文案和配图建议。她再用 AI PPT 工具一键生成，稍微调整。第一个月她做了二十套班会 PPT 模板，挂到平台上卖，定价九块九一套。刚开始一天卖几份，后来有人觉得好用推荐给同事，销量慢慢多了起来。半年后她每月光 PPT 模板的收入就有几千块钱，而且还在往上涨。

方法拆解

从王芳的故事里，可以总结出下面这三个用豆包制作知识付费内容的方法。

方法一：做场景款，不做通用款。

市面上免费 PPT 很多，用户为什么要花钱买？因为免费的都是通用款，用户愿意掏钱买的是场景款，专门解决具体问题的模板。把你擅长的领域切成一个个具体场景。场景越具体，用户越觉得这就是给我做的，掏钱越痛快。

方法二：卖内容，不卖设计。

很多人以为 PPT 卖的是好看，其实卖的是省事。购买者需要的不是漂亮的空壳子，是打开就能用、改改就能交的完整的东西。可以让豆包帮你把每一页的内容都填满。不要只给标题和配图，要给具体的文字。购买者拿到手改改数字就能用，这才是他们愿意花钱的原因。

方法三：抢首发，不等完美。

很多人做 PPT 模板，总觉得自己做得不够好，想再打磨打磨。结果打磨了三个月，市面上已经有人做出来了。想要赚钱，速度很关键，发现一个需求，一周内就要做出来。用豆包快速生成内容，用 AI 工具快速出设计，到了能用的程度就上架。卖得好再慢慢优化，卖不好就当试错。速度比完美重要。

实战演练

三步把你的 PPT 变成收入来源

从今天开始，不要让你的 PPT 经验睡大觉了。用下面三步，把它们变成收入来源。

第一步：找出那些经常有人要的场景。

不是所有 PPT 都好卖，得找出那些经常有人需要、非用不可的场景。

盘点你的专业。你在哪个领域有经验？职场、教育、育儿、健身、理财？把你的领域列出来。

在这个领域里，哪些场景是购买者经常碰上、必须做 PPT 的？比如职场领域：年终总结、述职报告、项目提案、新人培训。教育领域：班会、家长会、公开课、复习课。每个场景都是一个潜在的机会。

把你想到的场景告诉豆包，让它帮你验证。指令是“我想做一套年终总结 PPT 模板，帮我分析这个需求怎么样，谁需要，为什么需要，现在市面上有什么竞品，定价多少合适”。豆包会给你一份分析报告。

第二步：用豆包批量生成内容。

方向定了，下一步是快速把内容做出来。

告诉豆包你的主题，让它生成 PPT 大纲。指令是“为年终总结 PPT 生成一个标准大纲，包括十页，每页的标题和核心要点。要符合职场人的使用习惯，逻辑清晰”。

有了大纲再让豆包填充每一页的具体内容。指令是“为第三页‘年度工作亮点’生成内容，要求用数据说话，给出三个不同行业的模板，销售岗、行政岗、技术岗，每页要有具体文案和要点”。

让豆包为每一页提供配图建议。指令是“为第五页‘明年规划’提供三种配图建议，包括图片风格、画面描述、关键词，方便我生成或搜索图片”。

同一个主题让豆包生成不同风格的版本。比如年终总结可以出简约商务版、活泼创意版、详细数据版，满足不同用户需求。

第三步：用 AI 工具做 PPT

内容有了，下一步是做出来。现在有不少 AI PPT 工具，输入大纲就能自动生成。

搜索 AI PPT 生成工具，有的免费有的收费，挑评价好、模板多的注册使用。

把豆包生成的大纲和内容，按工具要求导进去。有的支持直接输入文字，有的需要把文字复制到指定位置。

根据主题和目标用户，选择合适的风格。年终总结选商务风，班会选活泼风。

AI 生成的 PPT 需要人工修改一遍。看看有没有错字，逻辑顺不顺，颜色好不好。花十分钟调整，效果更好。

调整完导出 PDF 或 PPT 格式，去知识付费平台、模板平台、电商平台上架。参考竞品定价，新手可以先定九块九到十九块九。

避坑指南

做 PPT 模板时，这三个陷阱最容易让你白忙。

陷阱一：不注意版权，用了别人的图。

正确做法：PPT 里的配图一定要用自己生成的或者免费能用的。不要随便从网上搜，容易侵权。用 AI 绘画自己出图，或者从无版权的图片站找图，最保险。

陷阱二：内容太浅，用户觉得不值。

正确做法：每一页都有实实在在的东西，让人觉着钱花得值。

陷阱三：只卖一次，不会运营。

正确做法：模板上架只是第一步，要经常看销量、看评论、看用户说了什么。用户说缺什么你就补什么，说哪里不好你就改。

关键提醒

对于普通人来说，PPT 模板是做知识付费门槛比较低的。你不用成为设计大师，只要在某个场景有经验，就可以用豆包把经验变成内容，用 AI 工具把内容变成产品。当你的 PPT 开始在平台上自动售卖，你就有了睡后收入。而且每卖出一份，都是对你能力的一次认可。

视觉写作：
豆包＋工具，“爆款微头条”流水线

很多人都有这样的感受：图文内容越来越难做。光有好的文案不够，还要有好看的配图、舒服的排版、吸睛的封面。这是视觉写作，文字负责打动人心，视觉负责抓住眼球，两者缺一不可。但问题在于，大部分人要么只会写不会设计，要么只会设计不会写。豆包的出现把这道门槛拆掉了——它能同时搞定文案和视觉方案，你只需要把两者组合起来，就能批量生产一看就想点的图文内容。

案例速览

小林的工作很清闲，就萌生了做自媒体的想法，希望利用业余时间增加点收益。但是真正开始做她才发现，自己最大的瓶颈是配图：网上搜的图有版权风险，自己拍的又不好看。

后来她摸索出一套视觉写作流程。先用豆包写文案，指令是“写一篇关于独居女生安全指南的微头条，五百字左右，口语化，有干货有故事”。还要让豆包给出配图方案，“为这篇文案配三张图，描述每张图的画面、风格、颜色，适合做封面还是内页”。再用 AI 绘画工具把图生出来，用排版工具一键排好。整个过程不到半小时，她一天能出十条内容。三个月后，她的账号月流量收益稳定在五千元以上。

方法拆解

如果你也想像小林一样用 AI 稳定地产出东西，首先要掌握下面这三条视觉写作方法。

方法一：写画面，不只写字。

在视觉写作时代，你写文案的时候脑子里就得有画面。写文案的时候可以顺便让豆包出配图方案，指令不要光给“写一篇文案”，要加上“同时为这篇文案提供配图建议，每张图包括画面描述、风格关键词、适合放封面还是内页”。这样文案和配图一起出来，省事又配套。

方法二：用生图，不用网图。

网上搜图最怕重复，你用过别人也可以用，平台可能判重复，而且还有版权风险。为了避免这个麻烦，可以把豆包出的配图描述复制进AI绘画工具，指令越详细图越精准。比如“一个女生晚上回家，走在昏暗的小区里，回头看，有点儿紧张，电影感暗色调”，比光说“女生回家”效果好得多。多生几个版本的图片，挑最满意的那张用。

方法三：拼系列，不拼单篇。

视觉写作最厉害的是能批量出作品，因为流程已经跑通了，剩下的就是复制。同一个格式换不同的主题，就能一直出作品。可以试着把爆款内容做成系列，比如“独居女生安全指南”火了，接着做“独居女生省钱指南”“独居女生做饭指南”“独居女生宠物指南”。封面风格一样，排版格式一样，用户一看就知道是一个系列，慢慢就有了辨识度。

实战演练

三步搭建你的视觉写作流水线

从今天开始，不要写后再找图了。用下面三步，让文案和图片一起出来。

第一步：先把视觉风格定下来。

开工之前，先把视觉风格定好。以后所有内容都按这个风格制作，慢慢就有辨识度了。

找十个你喜欢的、同领域的爆款账号，把他们的封面、排版、配色都存下来。

把图片发给豆包，让它帮你分析。指令是“分析这些封面的共同特点，配色方案、字体风格、图片类型、排版结构，总结出一个能反复用的视觉风格模板”。

根据分析结果，确定自己的风格。比如“莫兰迪色系加手绘插图加圆角边框加标题加粗”。把这个风格记下来，以后所有内容都按这个风格做。

第二步：文案和图片一起出来。

风格定了，就可以开始批量生产了。

定好主题让豆包写文案。指令是“写一篇关于独居女生安全指南的微头条，五百字左右，口语化，有干货有故事。要求每二百字左右自然分段，方便配图”。

文案出来之后让豆包接着出配图方案。指令是“为这篇文案设计三张配图，每张图对应一个内容段落。格式是段落原文加配图描述加图片风格关键词。配图描述要具体，方便用 AI 生成”。

把配图描述复制进 AI 绘画工具，按既定的风格调整关键词，生成图片。每个描述生三到五张，挑最合适的图片使用。

用排版工具把文案和图片排好，按风格调整字体颜色边框，发出去。

第三步：用数据反向优化流水线。

内容发出去只是第一步，数据会告诉你哪里需要调整。

建表格，记下每条内容的标题、主题、配图风格、发布时间、阅读量、点赞量、评论量。

每周把数据发给豆包，让它找规律。指令是“分析这周的数据，找出表现最好的三条内容，看它们在标题、内容、配图上有什么共同点。表现最差的三条内容问题出在哪儿。给出优化建议”。

根据分析结果，优化视觉风格和选题方向。比如发现暗色调数据不好就换成明亮色调，发现安全指南系列数据好就多做这个系列。

避坑指南

在视觉写作这条路上，这三个陷阱最容易让你白忙。

陷阱一：图文对不上，用户出戏。

正确做法：每张图都要严格对照文案生成，让图和文互补，增强表达效果。

陷阱二：图片太假，没感染力。

正确做法：生图的时候加点儿“真实感”“生活化”“自然光”这类关键词，图会更自然。

陷阱三：排版太乱，看着累。

正确做法：视觉写作第一条准则是清楚，第二条准则才是好看。字够大、行够宽、配色舒服，让人能轻松读完。

关键提醒

视觉写作，是做图文内容的人绕不过去的一关。内容不光要有用，还得好看。但你不用变成设计师，只需要学会指挥豆包和 AI 工具，让它们帮你干活。当你的每条内容都会令受众不自觉地停下来多看几眼，流量自然就高了。

章末问答

问：现在，从零开始还能火吗？

答：能！平台对新号有流量扶持，只要内容够真实、够有趣。外卖小哥随手拍的视频都能火，你也一定可以。

问：不敢露脸怎么办？

答：用视频通话形式，假装和朋友聊天儿，只露嘴巴以下也行。或者用 AI 数字人，生成虚拟形象。方法总比困难多。

问：AI 数字人直播会不会被封？

答：目前主流平台允许，但需要标注“AI 合成”。开播前先了解平台规则，不要踩红线。另外，真人偶尔上线互动一下，效果更好。

问：脚本不会写怎么办？

答：提炼爆款公式，再用豆包辅助。比如“痛点 + 故事 + 解决方案 + 行动号召”，告诉豆包你的主题，它 30 秒就能给你一个脚本。

第五章 DeepSeek 行业应用全景图

从教育到营销，DeepSeek 应用广泛。本章将带你领略它在不同行业的创新实践与独特价值。

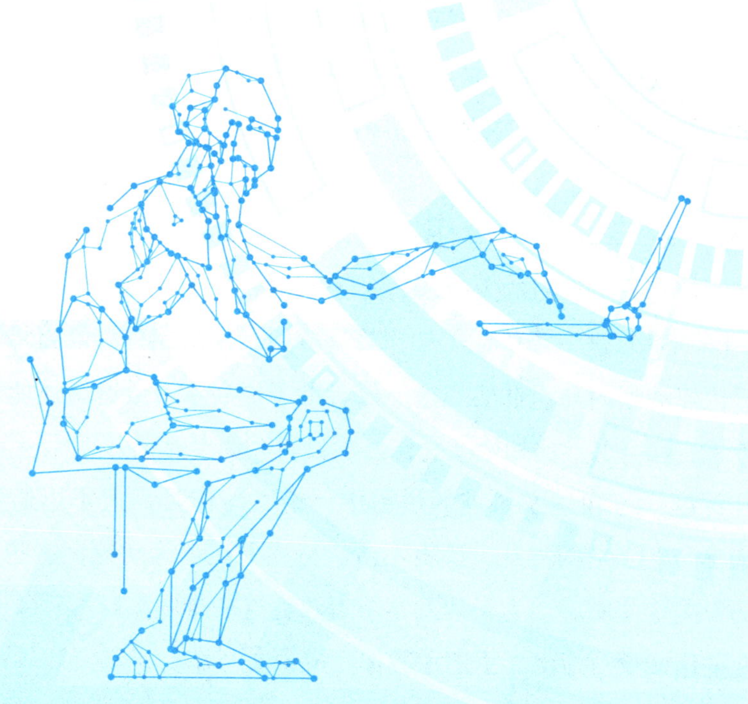

教育革新：个性化学习与知识管理的智能方案

你是否也曾经历过这样的场景：熬夜翻遍文献却依然找不到关键信息，或者面对海量的资源却不知从何下手？如今获取知识的途径越来越多，但如何从海量信息中精准筛选出有效内容依然是许多人头疼的问题。DeepSeek 正在用科技重新定义学习方式，让知识获取变得像刷短视频一样简单便捷，同时比名师课堂更加精准高效。

为了帮助学习者更高效地获取关键知识，DeepSeek 打造了一套智能知识检索系统。无论你是进行学术研究，还是日常学习，它都能根据你的需求，精准推荐学术论文、研究资料和权威参考文献。更值得一提的是，它还能针对特定知识点提供多角度的分析与案例，帮助你全面理解问题，彻底摆脱传统搜索引擎信息庞杂、筛选困难的困扰。

从知识获取到知识应用：让学习更具实战价值

获取信息只是学习的第一步，真正的挑战在于如何有效组织和应用这些知识。DeepSeek 进一步优化了知识管理方式，使得用户能够将零散的信息系统化，构建清晰的知识框架。这不仅有助于提高学习效率，还能让知识更好地服务于实际需求，比如论文写作、项目研究和专业提升。

在深度学习和学术研究的过程中，论文写作是一道不可避免的关卡。很多人都会遇到结构混乱、逻辑不清、格式不规范等问题，这些不仅拖慢进度，还影响论文质量。为了帮助学习者攻克这一难题，DeepSeek 提供了一套系统化的论文撰写指南，手把手教你完成论文写作。

DeepSeek 论文初稿撰写指南

一、论文封面

提示指令：请生成符合学术规范的本科毕业论文封面模板，封面应包含这些信息。

学校名称、学院名称、专业名称、论文标题、作者姓名、学号、指导教师、提交日期。

要求：格式清晰、信息正确。

二、中英文摘要

提示指令：为本科毕业论文撰写一段约300字的中文摘要，包括以下内容。

研究背景、研究方法、主要发现和结果、研究意义、关键词。

三、目录

提示指令：根据以下章节标题生成论文目录，并为每个章节标注页码（例如：P1、P2）。目录包括以下内容。

引言、文献综述、研究方法、研究结果与分析、讨论、结论与建议、参考文献、附录（可选）。

要求：目录采用三级标题格式，缩进对齐，标题名称与正文一致。

四、正文部分

（1）引言

提示指令——撰写论文引言部分，需包含以下内容。

研究背景、研究问题、研究目的与意义、研究方法等。

论文结构：概括各章节安排，简洁明了地说明论文框架。

（2）文献综述

提示指令——针对“研究主题”撰写文献综述，包括以下内容。

分类总结、分析现有研究的不足、本研究的创新点。

要求：按照主题时间顺序组织内容，避免简单罗列，要有深度分析。

（3）理论框架与研究方法

提示指令——详细描述“研究主题”的理论框架及研究方法，包括以下部分。

说明数据来源及样本量、描述研究设计、列出所使用的分析工具等。

要求：技术细节清晰，操作性强。

（4）研究结果与分析

提示指令——根据研究方法生成研究结果与分析部分，包括以下部分。

数据呈现（如表格、折线图等）、数据描述、图表标注（如图 1–1，表 2–3）。

要求：仅陈述客观结果，不进行主观推测。

（5）讨论

提示指令——基于研究主题的研究结果撰写讨论部分，要求回答以下问题。

结果支持假设吗？能提供对研究结果的解读吗？能提供行业 / 政策的具体建议吗？

要求：进行批判性分析，避免重复前文的研究结果部分。

（6）结论与建议

提示指令——总结论文研究主题的结论与建议，包括以下部分。

核心结论、实践建议、未来研究方向等。

要求：结论部分需与研究目的紧密呼应，具有实践意义。

五、最终整合

参考文献——提示指令——帮我按 GB/APA/MLA 等格式生成参考文献列表。

致谢——提示指令——以第一人称撰写致谢部分。

附录——提示指令——请帮我生成附录内容，包括：调查问卷原文、实验原始数据、补充图表。

最终整合提示指令：请将所有章节整合为一篇完整的本科毕业论文，并确保其逻辑连贯，语言流畅无重复。图表编号与引用一致，文献格式统一。最终输出为 Word 文档格式。

读者测试

这些测试题将检验你对 DeepSeek 在课程设计、学习资源提供、论文写作辅助和教育应用方式等方面的了解，看看你能否把握教育新趋势。

1. DeepSeek 在辅助教师进行课程设计时，会根据什么来生成个性化的课程方案?
   A. 教学目标、学生的知识水平和学习特点
   B. 教师的个人喜好，不考虑学生情况
   C. 固定的课程模板，不做调整

2. 在学生的自主学习过程中，DeepSeek 可以提供的学习资源不包括以下哪项?
   A. 个性化的在线学习社区，与同学交流讨论
   B. 大量的电子游戏，用于放松
   C. 有针对性的练习题和讲解视频

3. DeepSeek 为论文写作提供的文献综述生成功能，如何确保文献的相关性和权威性?
   A. 从多个权威数据库中筛选文献，并进行相关性分析
   B. 随机选择文献，不考虑质量
   C. 只使用自己收藏的文献，不拓展新文献

4. 以下哪种方式可以更好地发挥 DeepSeek 在教育革新中的作用?
   A. 教师引导学生合理使用 DeepSeek，培养学生的自主学习能力和创新思维
   B. 让学生完全依赖 DeepSeek，教师不进行指导
   C. 不使用 DeepSeek，坚持传统教学方法

评分标准：

选 A 得 3 分，选 B 得 2 分，选 C 得 1 分。

10～12 分：你深刻理解 DeepSeek 在教育革新中的应用方式，能够有效促进教育教学质量提升。

7～9 分：你对其在教育领域的应用有一定认识，但在引导学生使用和资源筛选上还需加强。

4～6 分：你对 DeepSeek 在教育革新中的作用认识不足，需要转变教育观念并学习使用方法。

金融科技：智能合约与风险预测的 AI 实践

从高频交易到智能投顾，金融领域正用先进的数据分析和机器学习技术，打破信息壁垒，提高决策效率，应对市场的各种挑战。

DeepSeek 凭借其深度的学习算法、高效的数据处理能力和模块化设计，为金融科技行业提供了一体化的智能解决方案。

DeepSeek 在金融科技中的应用场景

市场趋势分析：DeepSeek 通过时间序列分析和自然语言处理技术，能精确预测市场的短期波动和长期趋势。甚至，它还能通过分析新闻情感来判断市场情绪是乐观还是悲观，这样就能更好地预测股票价格的走势。

风险评估与管理：DeepSeek 构建了先进的风险评估模型，能够实时监控市场动态，及时分析交易数据和经济指标以识别潜在风险。通过对历史数据的深度挖掘和机器学习模型的应用，系统不仅能够预测未来可能出现的风险事件，如市场崩盘和信用违约，还能提供有较强针对性的风险管理建议，如调整投资组合和设置止损点。

投资组合优化：DeepSeek 通过分析各种资产的历史表现、相关性和市场趋势，根据投资者的风险偏好和投资目标，智能推荐最适合的资产配置方案同时，系统支持动态调整投资组合，能够实时应对市场变化，确保投资组合始终符合投资者的风险承受能力和收益预期。

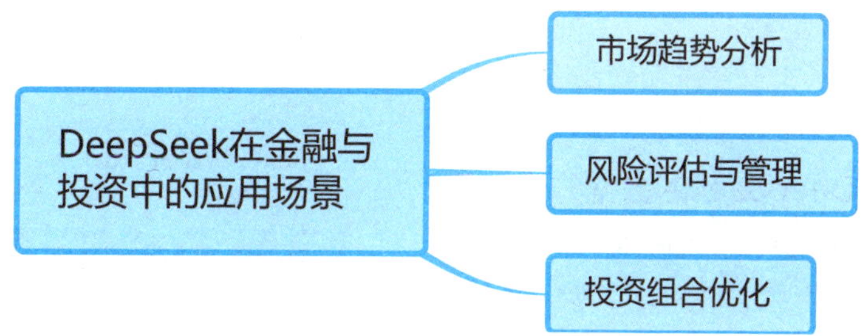

如何使用 DeepSeek 进行数据分析与决策辅助

使用 DeepSeek 进行数据分析与决策辅助的过程可以分为以下四个步骤。

数据收集与预处理：首先，收集相关的金融数据，包括股票价格、交易量、财务报表、新闻情感（sentiment）、宏观经济指标等。然后，使用 DeepSeek 进行数据预处理，包括数据清洗、缺失值处理、归一化、特征提取等。

模型训练与优化：使用 DeepSeek 的 MoE 架构进行模型训练。根据具体的任务需求，选择合适的子模型进行训练。例如，对于市场趋势预测任务，可以选择时间序列分析模型；对于风险评估任务，可以选择分类模型（如随机森林、逻辑回归）。DeepSeek 的模型训练模块支持自动化超参数调优和分布式计算，能够显著提高模型性能并加速训练过程。

结果分析与决策辅助：训练完成后，使用 DeepSeek 进行结果分析。DeepSeek 能够生成多种类型的分析报告，包括市场趋势预测报告、风险评估报告和投资组合优化建议。这些报告以可视化的形式呈现，帮助投资者直观理解分析结果。此外，DeepSeek 还可以提供具体的行动建议，例如建议提问者买入或卖出某只股票，或调整投资组合以降低风险。

自动化交易与实时监控：将 DeepSeek 与自动化交易系统集成，实现智能交易。DeepSeek 可以根据预设的交易策略，自动执行买卖操作。同时，它还能够实时监控市场动态，识别交易机会和市场异常，并根据预设规则或机器学习模型动态调整交易策略。DeepSeek 的低延迟技术和风险控制机制确保了交易的高效性和安全性。

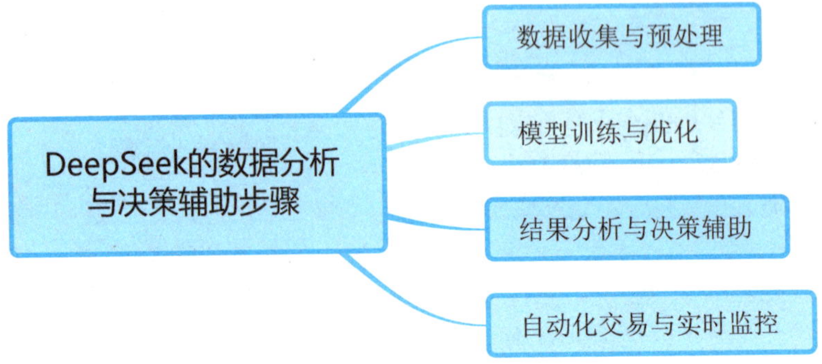

DeepSeek 智能合约的操作步骤

智能合约是一种自执行的数字合约，其核心在于预设条件一旦达成便自动触发合约条款的执行，从而大幅提高金融交易的效率和透明度。

首先，确保 DeepSeek 平台已部署并配置完成，同时安装必要的依赖库和工具，例如 Python 环境、区块链开发框架和数据库（如 MySQL、MongoDB）用于存储数据。此外，收集与智能合约相关的数据，并使用 DeepSeek 的数据清洗工具去除噪声数据并提取关键特征。

接下来，DeepSeek 通过实时监控市场数据和合约条件，实现条件触发与自动执行。例如，当市场价格达到预设阈值时，DeepSeek 会自动触发合约执行。通过与区块链平台集成，DeepSeek 调用智能合约的 execute 函数完成交易。

在合约执行过程中，DeepSeek 能够实时监控交易状态和资金流动，并根据市场变化和风险预测结果动态调整合约执行策略。例如，当市场波动较大时，DeepSeek 可以自动调整交易频率或修改合约条款，以确保执行的高效性和安全性。

此外，通过分析历史数据和实时数据，DeepSeek 能够识别潜在风险（如市场波动或信用违约），并在风险超过阈值时自动触发预警机制。同时，DeepSeek 的合规性检查模块可以验证合约条款是否符合相关法规和行业标准，确保合约的合法性和透明度。

最后，通过分析交易收益、风险暴露和用户满意度，DeepSeek 能够生成详细的执行报告，并提供优化建议。例如，根据分析结果调整合约条款或改进风险控制策略，以提升整体的执行效果。

以下是一个简单的 Python 代码示例，展示了如何使用 DeepSeek 与以太坊智能合约交互：

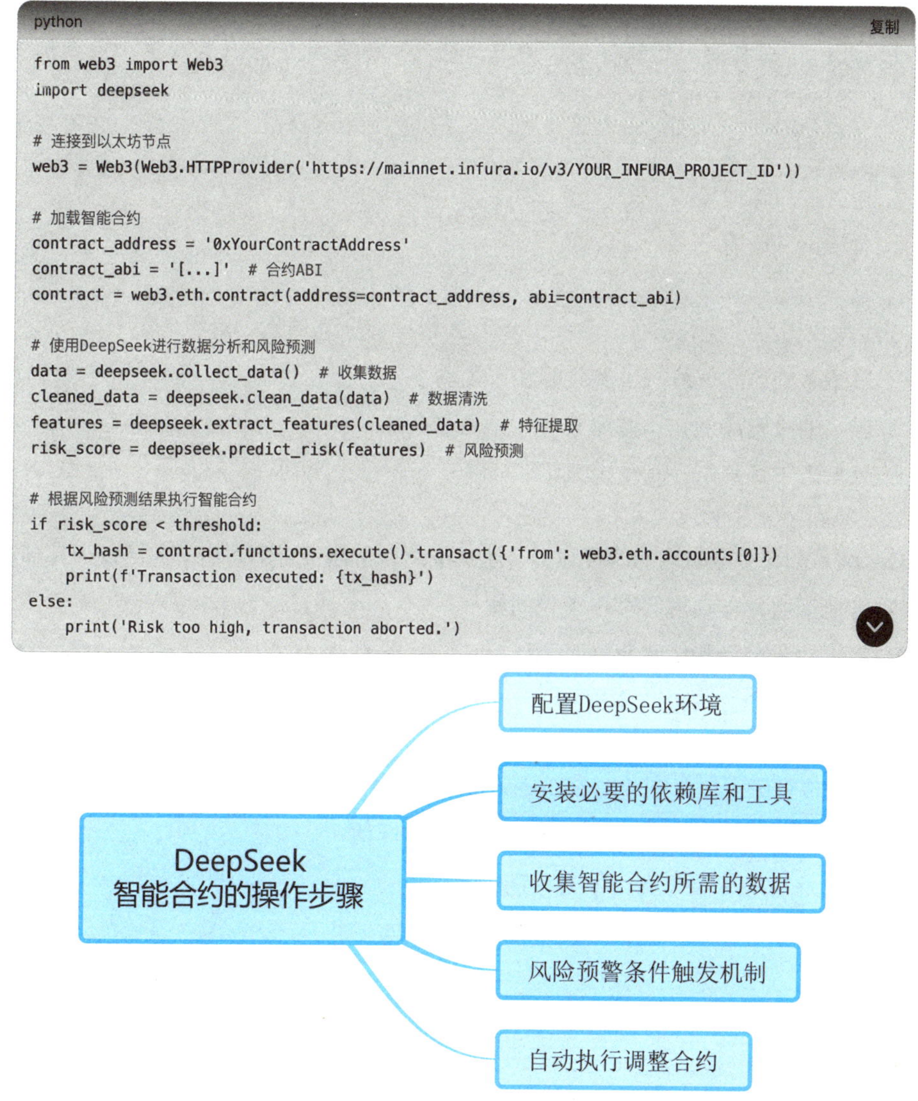

```python
from web3 import Web3
import deepseek

# 连接到以太坊节点
web3 = Web3(Web3.HTTPProvider('https://mainnet.infura.io/v3/YOUR_INFURA_PROJECT_ID'))

# 加载智能合约
contract_address = '0xYourContractAddress'
contract_abi = '[...]'  # 合约ABI
contract = web3.eth.contract(address=contract_address, abi=contract_abi)

# 使用DeepSeek进行数据分析和风险预测
data = deepseek.collect_data()  # 收集数据
cleaned_data = deepseek.clean_data(data)  # 数据清洗
features = deepseek.extract_features(cleaned_data)  # 特征提取
risk_score = deepseek.predict_risk(features)  # 风险预测

# 根据风险预测结果执行智能合约
if risk_score < threshold:
    tx_hash = contract.functions.execute().transact({'from': web3.eth.accounts[0]})
    print(f'Transaction executed: {tx_hash}')
else:
    print('Risk too high, transaction aborted.')
```


DeepSeek 以其强大的智能合约管理和风险预测能力，为金融机构构建了一个既高效又安全的运营平台。这一切不仅推动了金融业务的数字化进程，也为未来金融市场的稳步发展奠定了坚实基础。

读者测试

这组测试会考查你对 DeepSeek 在风险预警、投资组合优化、客户服务集成和决策辅助等方面功能的掌握，看你能否在金融浪潮中把握机遇。

1. DeepSeek 在金融风险预警中，通过分析市场数据和企业财务数据，主要预警的风险类型包括以下哪项?

   A. 市场波动风险

   B. 企业内部管理风险

   C. 自然灾害风险

2. 在金融投资组合优化方面，DeepSeek 会根据什么来调整投资组合?

   A. 投资者的风险偏好、投资目标和市场动态

   B. 固定的投资比例，不做调整

   C. 只考虑市场热点，不考虑风险

3. DeepSeek 与金融机构的客户服务系统集成后，可以实现的功能不包括以下哪项?

   A. 智能客服，自动解答客户常见问题

   B. 客户需求分析和个性化推荐

   C. 直接为客户进行投资决策

4. 当金融市场出现重大变化时，DeepSeek 如何帮助金融机构做出决策?

   A. 快速分析市场数据，提供决策建议和风险评估

   B. 保持原有的决策方案，不做调整

   C. 随机给出决策建议，不考虑实际情况

评分标准：

选 A 得 3 分，选 B 得 2 分，选 C 得 1 分。

10 ~ 12 分：你熟悉 DeepSeek 在金融科技领域的应用，能借助其功能有效应对金融风险和优化投资。

7 ~ 9 分：你对其在金融领域的应用有一定了解，但在决策应用和风险应对上还需更灵活。

4 ~ 6 分：你对 DeepSeek 在金融科技领域的作用认识有限，需要加强学习和实践。

营销智能：数据驱动的决策支持系统

现在，消费者需求越来越多样化，市场竞争也越来越激烈，传统的营销方式已经不能适应现代商业的需求了。因此在当下的商业环境中，营销智能已然成为企业提升竞争力、优化运营效率的核心要素。

DeepSeek 在电商运营中的应用

在数字化浪潮推动下，电商行业正经历着一场深刻变革：流量红利逐渐消退，消费者偏好不断分化，市场竞争也变得更加白热化。为应对这一局面，商家必须不断优化营销策略、提升客户的互动体验，以在激烈的竞争中站稳脚跟。

1. 智能分析用户画像，优化营销策略

精准的营销策略不仅能够提升广告效果，还能增强用户的购物体验，增加用户的黏性和忠诚度，让品牌真正实现长期盈利。商家可以借助 DeepSeek 对用户行为数据展开深度剖析。

从用户的消费习惯，如消费频率、客单价高低到浏览偏好，包括浏览时长、浏览页面类型，再到购买历史，涵盖购买的商品品类、品牌、购买时间间隔等多个维度，全方位构建出一幅完整且精准的用户画像。

例如：请分析以下用户数据，并提供 3 种适合他们的营销策略。

价格敏感型用户：推送折扣信息、限时优惠，提高购买转化率。

忠诚客户：提供会员专属权益，如积分兑换、VIP 折扣，提高复购率。

高消费力用户：推荐高端产品或定制化服务，提升客单价。

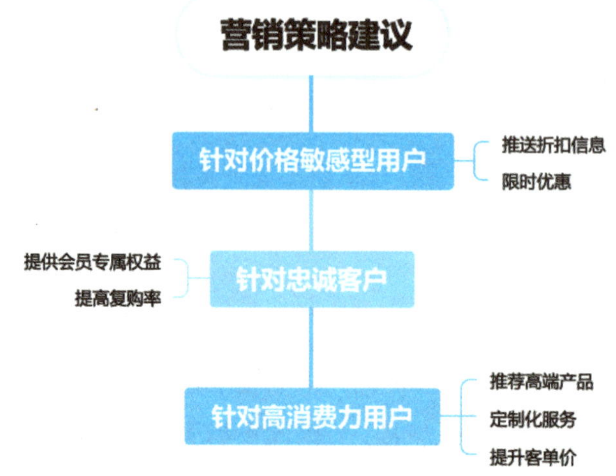

2. AI 优化广告投放，降低获客成本

传统广告投放面临着高昂的成本压力，包括制作成本、媒体购买成本和后续的维护成本。此外，传统广告投放通常采用试错方法，初期投放效果难以预测，需不断调整广告内容和投放渠道，导致预算分配不均、反复尝试相同策略，从而加剧了资金浪费和投入不确定性的问题。

另一方面，传统广告在精准找到目标人群方面也有明显的不足。因为缺乏深入的市场分析和有效的受众细分，所以经常依赖过时的消费者数据，导致目标人群定位不准确。同时，广告投放渠道选择不当，广告内容与受众需求脱节等，使得广告难以引起用户的共鸣。再加上缺乏及时有效的反馈机制，进一步阻碍了广告效果的优化和精准营销。

传统广告投放面临的问题		
高昂的广告成本	试错方法消耗预算	难以精准找到目标受众
制作成本高 媒体购买成本高 维护成本高	广告效果不确定 预算分配不均	受众定位不准确 广告投放渠道选择不当 广告内容与受众需求脱节 缺乏有效的反馈机制

DeepSeek 通过 AI 算法，能够智能分析关键词热度、竞价策略和用户兴趣点，并结合历史投放数据优化广告投放方案。通过数据驱动的竞价策略调整，系统不仅能提高广告投放精准度，还能有效降低无效曝光和获客成本，从而实现更高的广告投资回报率。

3. 个性化推荐策略，提高购物体验

电商平台的商品种类丰富，怎样才能让用户快速找到自己喜欢的商品，成了提升购物体验的关键。DeepSeek 能够深度分析用户的浏览记录，再通过用户的购买历史，还能看出用户的消费喜好和购物趋势；再结合用户在平台上设置的兴趣偏好，比如关注的商品类别、收藏的店铺等，就能为每个用户定制精准的个性化推荐。

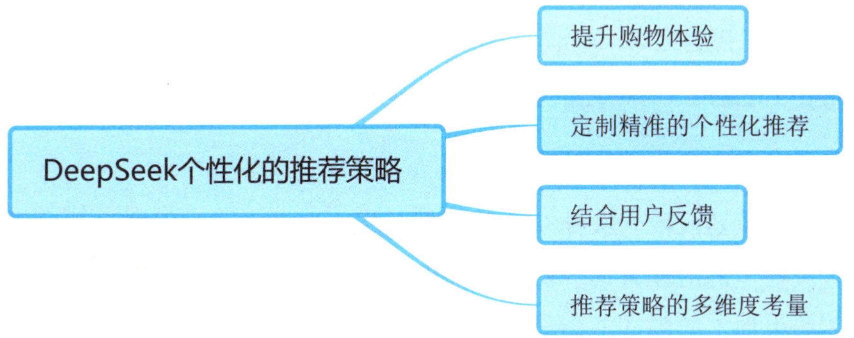

4. 智能预测市场需求，优化库存配置

库存管理对企业的成本控制和客户服务质量有很大影响。DeepSeek 能从过去的销售数据里找出销售规律，考虑季节变化、流行趋势和宏观经济因素，准确预测产品未来的销量，给商家提供库存调整的建议，帮助商家科学配置库存，降低运营成本，从而提高经济效益。

电商行业竞争激烈，传统的运营模式已经难以满足现代消费者的需求。借助 AI 工具，商家可以减少运营压力，提高工作效率，同时提升用户体验，从而在市场竞争中占据更有利的位置。

DeepSeek 在线下活动营销中的应用

传统的线下活动往往依赖人工收集数据、现场观察和后期统计，这种方式不仅效率低下，而且难以全面捕捉目标人群的真实反应。而借助 DeepSeek 先进的数据分析和人工智能技术，企业可以在活动策划、执行和效果评估的每个环节实现精准高效的营销，从而更好地吸引目标用户、提高转化率并增强品牌影响力。

1. 活动方案智能推荐与策划

在活动策划阶段，DeepSeek 能根据目标人群的需求和以往活动的反馈，自动生成最佳的活动方案。例如，提供主题设计、场地布局和互动环节等建议，还能根据不同的活动类型（比如展会、体验促销、品牌路演等）定制个性化的方案。数据驱动的策划方式，能让企业有效提高活动的吸引力，确保每次活动都能准确传达品牌信息并激发用户兴趣。

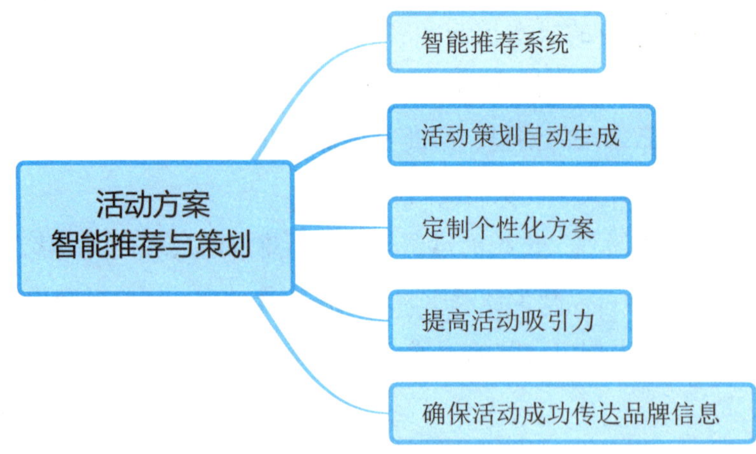

2. 现场数据实时监控与互动反馈

DeepSeek 能和现场的智能设备（比如扫码、定位、支付数据）连接，实时收集现场的人流量、用户互动和反馈信息。运营人员可以通过这些数据实时查看活动效果，及时调整现场策略。比如，如果某个互动环节参与度不高，系统会自动提醒策划人员调整方案或增加激励措施，确保活动整体效果不受影响。实时数据反馈不仅有助于即时优化现场运营，也为后期活动的总结提供了宝贵依据。

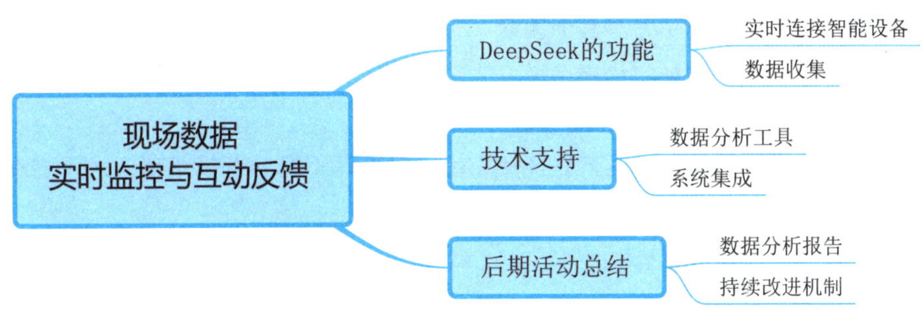

3. 活动效果评估与后续优化

活动结束后，DeepSeek 会把线上和线下的数据都汇总起来，出具一个详尽的活动效果评估报告。报告里会包括参与人数、互动次数、销售转化率、用户满意度、品牌认知度，还有活动的投资回报率（ROI）这些关键数据。企业通过这些数据，可以深入分析活动哪些地方做得好，哪些地方不够好，为以后的活动提供改进建议，形成一个数据驱动的优化闭环，不断提升营销效果和品牌竞争力。

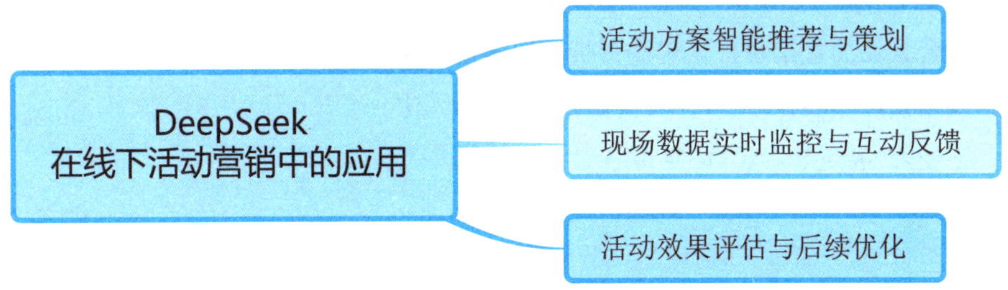

在现代消费者需求多样化的背景下，传统运营模式已难以满足企业持续增长的要求。依托 DeepSeek 等先进的 AI 工具，商家能够大幅提升运营效率和降低营销成本，同时精准捕捉用户需求，提供个性化的体验，进而在激烈的市场竞争中保持优势。

读者测试

下面的测试将评估你对 DeepSeek 在用户画像分析、营销策略制定、活动效果评估和营销应用方式等方面的理解和运用能力。

1. DeepSeek 分析用户画像时，除了消费行为和偏好，还会考虑哪些因素来构建更全面的画像？
   A. 社交行为、兴趣爱好和生活习惯等
   B. 只考虑消费金额，不考虑其他因素
   C. 不考虑任何因素，随机构建画像

2. 对于不同生命周期阶段的客户，DeepSeek 会推荐不同的营销策略，对于潜在客户，重点策略是什么？
   A. 吸引关注，提高品牌知名度
   B. 直接推销高价产品
   C. 忽略潜在客户，专注老客户

3. DeepSeek 在营销活动策划中，如何评估活动的预期效果？
   A. 基于历史数据、市场趋势和用户画像进行模拟分析
   B. 不进行评估，直接开展活动
   C. 只根据主观经验判断活动效果

4. 以下哪种方式可以更好地利用 DeepSeek 的营销智能功能来提高营销效果？
   A. 结合企业的营销目标，定期分析用户画像和活动数据，优化营销策略
   B. 偶尔使用 DeepSeek，不进行持续分析和优化
   C. 不使用 DeepSeek，依靠传统营销方式

评分标准：

选 A 得 3 分，选 B 得 2 分，选 C 得 1 分。

10 ~ 12 分：你能够熟练运用 DeepSeek 的营销智能功能，精准制订营销策略，提升营销效果。

7 ~ 9 分：你对营销智能功能有一定运用，但在数据分析和策略优化上还需加强。

4 ~ 6 分：你对 DeepSeek 在营销中的作用认识不足，需要学习和尝试新的营销方法。

内容创作革命：爆款文案与创意内容的 AI 生成

在信息爆炸的时代，内容创作已经成为吸引用户、提升品牌影响力的核心手段，然而，传统的内容创作方式往往面临灵感枯竭、效率低下、内容同质化等问题，难以满足日益增长的市场需求。如何高效产出爆款文案和创意内容，成为竞争的关键。

DeepSeek 作为一款基于人工智能的内容创作工具，正在引领这场内容创作的革命。通过AI生成爆款文案和创意内容，DeepSeek帮助创作者突破瓶颈，提升效率，打造独具吸引力的内容，最终实现流量增长和商业变现。

AI 驱动的内容创作：从灵感构思到精准输出

内容创作的第一步是创意构思，DeepSeek 不仅能够提供灵感，还能基于数据分析精准把握市场热点，帮助创作者生成具有吸引力的主题、标题和内容框架，让创作变得更加高效和精准。

DeepSeek 如何帮助构思创意？

市场趋势分析：AI 分析当前热门话题，识别用户关注点，推荐高热度的创意方向。

用户需求洞察：基于用户的行为数据，精准捕捉受众兴趣，为内容创作提供方向。

多风格文案生成：支持新闻风、营销风、故事风等多种写作风格，满足不同的创作需求。

示例：如何为美妆品牌策划爆款内容？
输入关键词：“美妆趋势 2024”
AI 生成内容方向：
“2024 年最受欢迎的美妆产品推荐”；“如何根据肤质选择合适的粉底液”；“新手化妆必备：超简单的日常妆容教程”。

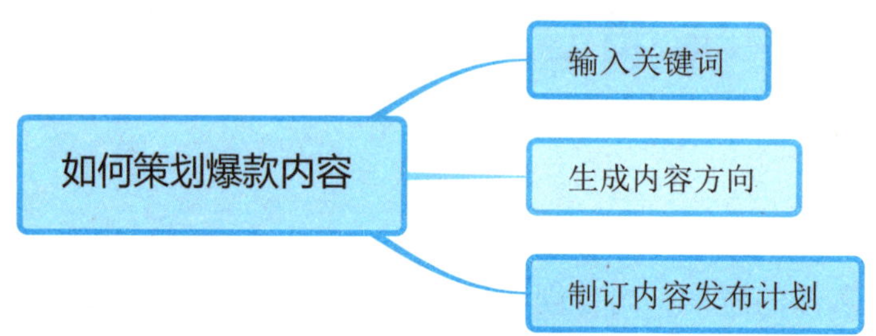

AI 高效生成爆款文案，提升内容吸引力

文案的吸引力决定了内容的传播效果。DeepSeek 通过分析海量爆款文案的数据特征，生成既符合 SEO 优化规则，又能打动读者的高质量文案，从而提升点击率和转化率。

DeepSeek 生成爆款文案的核心能力包含以下几点。

优化标题，提高点击率：提供高转化率的标题建议，让内容在社交媒体或搜索引擎中脱颖而出。

智能改写，增强表达力：AI 能对初稿进行优化，提升可读性和情感共鸣度。

短视频脚本与广告文案：为短视频、广告投放等场景提供高转化率的文案，适用于各个平台。

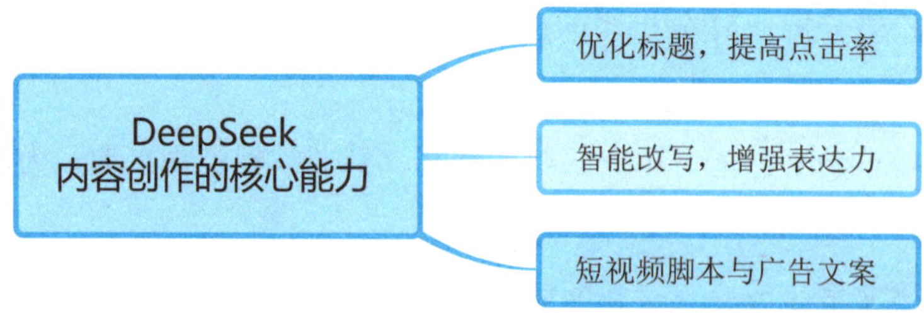

DeepSeek 如何助力视觉内容创作

在内容创作中，视觉呈现至关重要。DeepSeek 结合 AI 绘画和设计工具，可以为品牌打造高度匹配的视觉素材，如社交媒体封面、营销海报、数据可视化图表等，使内容更具吸引力。

自动生成品牌风格图像：输入关键描述，AI 即可生成匹配品牌调性的视觉素材。

数据可视化支持：支持 Mermaid 格式流程图、思维导图、数据图表等，提升专业度。

智能匹配颜色与排版：根据品牌形象，AI 推荐最佳配色方案和字体排版，增强品牌辨识度。

步骤 1：输入图片要求

打开 DeepSeek 官网，点击开始对话。在对话框中输入海报生成的要求。要求越明确越细致，生成的图片质量越高。

```
复制
请生成一张适用于护肤品牌的小红书宣传海报，主题为"夏日焕肤计划"。要求如下：
1. 背景为清新夏日风格，包含阳光、绿叶等元素。
2. 海报中央放置产品图片（假设产品为"水润保湿精华"）。
3. 标题为"夏日焕肤计划"，字体醒目。
4. 副标题为"水润保湿精华，让你的肌肤清爽一夏！"。
5. 底部添加行动号召："立即抢购，限时8折优惠！"。
6. 整体风格简洁、清新，符合小红书用户审美。
7. 以HTML格式生成代码。
```

步骤 2：生成 HTML 代码

DeepSeek 会根据你的需求生成 HTML 格式的代码。以下是示例代码：

```html
html                                                    复制
<!DOCTYPE html>
<html lang="zh-CN">
<head>
    <meta charset="UTF-8">
    <meta name="viewport" content="width=device-width, initial-scale=1.0">
    <title>小红书宣传海报</title>
    <style>
        body {
            margin: 0;
            padding: 0;
            display: flex;
            justify-content: center;
            align-items: center;
            height: 100vh;
            background: linear-gradient(135deg, #a1c4fd, #c2e9fb);
            font-family: 'Arial', sans-serif;
```

步骤 3：保存并运行 HTML 文件

① 复制生成的 HTML 代码。

② 新建一个文本文件（如 poster.txt），将代码粘贴进去。

③ 将文件后缀名从 .txt 改为 .html（如 poster.html）。

④ 双击打开文件，浏览器会显示生成的海报。

⑤ 截图保存海报图片，或直接生成 PDF 格式。

步骤 4：使用海报

将生成的海报图片上传至小红书，作为宣传内容发布，可以搭配以下文案：

```
复制
【夏日焕肤计划】
炎炎夏日，肌肤也需要清爽一夏！
水润保湿精华
☑ 深层补水，锁住水分
☑ 清爽不油腻，适合所有肤质
☑ 限时8折优惠，快来抢购！

#夏日护肤 #水润保湿精华 #小红书好物推荐 #护肤必备
```

AI 驱动 SEO 优化，让内容获得更高的曝光度

即使拥有优质内容，如何让更多人看到也是关键问题。DeepSeek 通过 SEO 优化技术，帮助内容创作者提升搜索引擎排名，让文章、视频和社交媒体内容更容易被目标用户发现。它包括以下几个方法。

关键词推荐：AI 分析高搜索量关键词，并建议最优分布方式。

标题和元描述优化：确保内容符合搜索引擎抓取规则，提升排名。

长尾关键词策略：增加精准流量，确保内容长期具备搜索价值。

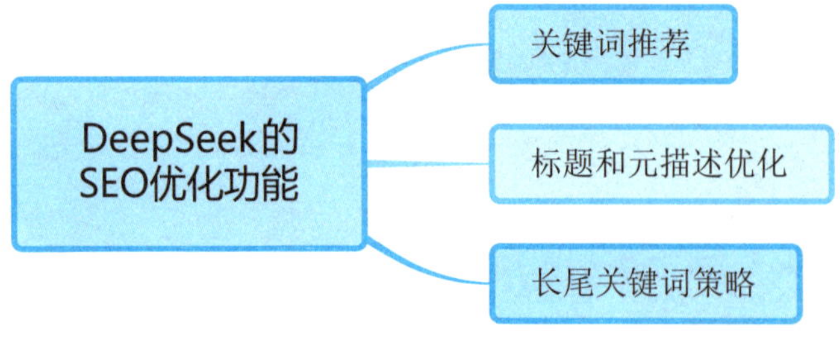

借助 DeepSeek，创作者不仅可以提升内容创作的效率，还能探索更多商业化途径，包括社交媒体广告、品牌合作推广、知识付费等，实现流量变现。AI 的加入并不会取代创作者，而是成为创意生产的重要助力。

DeepSeek 的智能内容生成能力让创作者可以更专注于创新和个性化表达，而不必耗费大量时间在重复性任务上。未来，AI 与人类的协同创作将成为主流，推动内容产业进入一个更高效、更精准、更具创造力的新时代。

读者测试

这几道测试题将考察你对 DeepSeek 在文字、视觉、音频内容创作中的功能、问题处理和应用方式的掌握，看看你能否创作出优秀作品。

1. DeepSeek 在助力文字内容创作时，如何确保生成的内容具有创新性?
   A. 结合热点话题、多元知识和独特视角进行创作
   B. 只使用固定的写作模板，不做创新
   C. 随机拼凑文字，不考虑逻辑性

2. 在视觉内容创作中，DeepSeek 生成的设计稿与客户需求有偏差时，应该怎么做?
   A. 与客户进一步沟通需求，调整输入信息，让 DeepSeek 重新生成
   B. 坚持自己的设计理念，不做修改
   C. 放弃该设计项目，不做处理

3. DeepSeek 在音频内容创作方面，除了生成音乐，还可以实现的功能不包括以下哪项?
   A. 语音合成，制作有声读物
   B. 直接将音频转换为视频
   C. 音频特效添加和剪辑

4. 以下哪种方式可以更好地利用 DeepSeek 进行内容创作?
   A. 将 DeepSeek 作为创意灵感来源和辅助工具，结合自己的专业知识和创意进行创作
   B. 完全依赖 DeepSeek 创作，不加入自己的思考
   C. 不使用 DeepSeek，坚持传统创作方式

评分标准：

选 A 得 3 分，选 B 得 2 分，选 C 得 1 分。

10 ~ 12 分：你能充分发挥 DeepSeek 在内容创作中的优势，创作出高质量、有创新性的内容。

7 ~ 9 分：你对其在内容创作中的应用有一定了解，但在创意融合和需求调整上还需提高。

4 ~ 6 分：你对 DeepSeek 在内容创作中的作用认识不足，需要转变创作观念并学习使用方法。

第六章
DeepSeek 未来发展与职业赋能

DeepSeek在未来将如何发展？又会怎样赋能职业发展？本章将为你展望并解析。

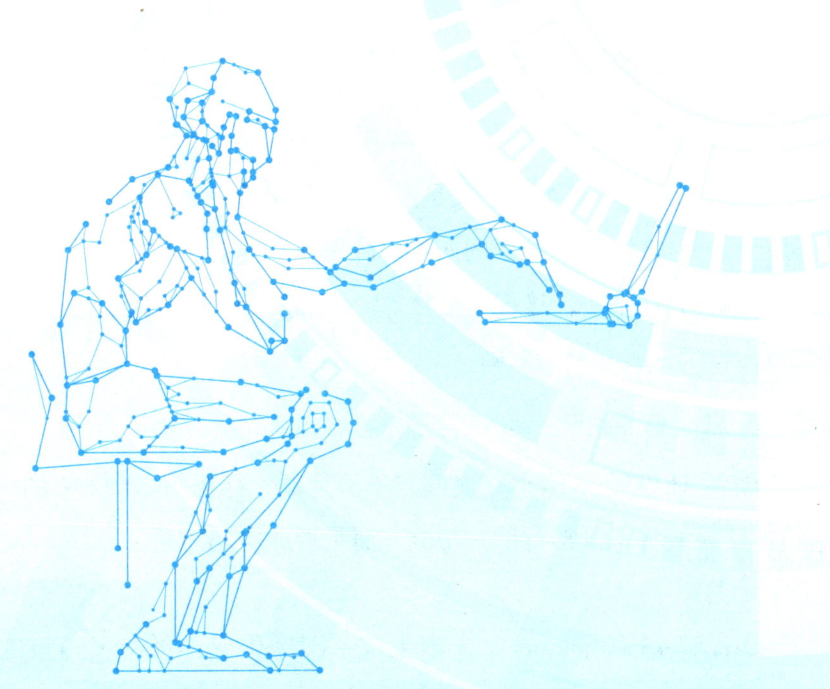

技术前沿：DeepSeek 与深度学习的未来趋势

人工智能（AI）正在经历从工具型 AI 到智能型伙伴的转变。未来，它不再仅仅是一个辅助工具，而是能够深度融入人类社会，甚至成为个性化的“思维伙伴”。DeepSeek 作为新一代 AI 模型，正站在这一变革的前沿。

那么，未来的 AI 生态将如何演变？DeepSeek 会在这个生态中扮演什么样的角色？这不仅是技术问题，还关系到整个社会、商业，甚至全球经济未来的发展方向。

AI 未来发展的趋势

1. 每个人都能拥有自己的专属 AI

未来，DeepSeek 可能不仅是一个通用 AI 助手，而是一个可以深度定制、适应个人需求的 AI 系统。例如：允许用户训练自定义版本，拥有一款专门为自己定制的 AI 助手，这种个性化 AI 不仅能提升用户体验，也意味着 AI 可能会成为每个人的“第二大脑”。

2. AI 生态系统化：AI 不再是单打独斗

随着 AI 发展，不同 AI 之间将不再是孤立存在的。在未来的 AI 生态中，各种 AI 模型将不再具有单一功能，而是形成协同体系。

示例：

DeepSeek+Midjourney：文本生成 + 图像生成，可实现完整的 AI 内容创作方案。

DeepSeek+Sora：文本描述 + 视频生成，优化数字媒体生产流程。

DeepSeek+AI 搜索引擎：结合大模型推理能力，提供更加精准的信息检索。

未来，AI 生态不只是一个个单独的 AI 模型，而是一个智能网络，帮助用户在不同场景下获得更高效的服务。

AI+X模式	
DeepSeek + Midjourney（可实现完整的AI内容创作方案）	文本生成
	图像生成
DeepSeek + Sora（优化数字媒体生产流程）	文本描述
	视频生成
DeepSeek + AI搜索引擎（提供更加精准的信息检索）	结合大模型推理能力

3. AI 产业的基础设施

DeepSeek 也可能成为 AI 产业的基础设施，推动 AIaaS（AI 即服务）模式的发展，为企业提供低成本、高效能的 AI 解决方案。

DeepSeek 在 AI 产业中的角色可能包括：
AIaaS 平台：企业可以直接接入 DeepSeek，构建智能化的商业应用；
低成本 AI 解决方案：相比于私有 AI 训练成本高昂，DeepSeek 等开源模型可以让更多企业和开发者受益；
AI+ 自动化工作流：AI 可以整合到办公软件、项目管理工具，提高企业运营效率。

2025 年，AIaaS 市场将实现显著增长。AI-as-a-Service（AI 即服务）将成为企业智能化的核心动力。

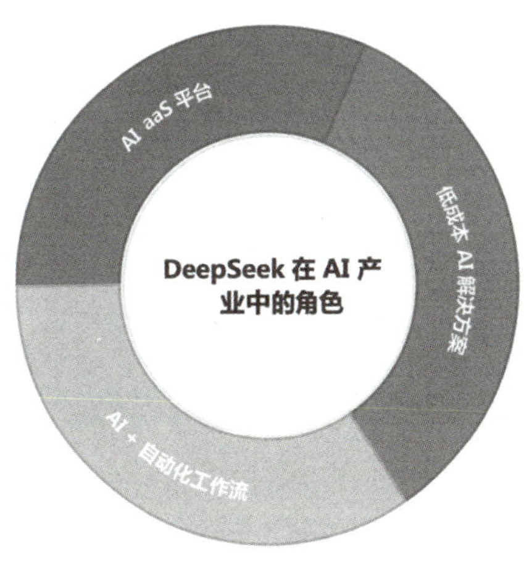

数据安全和 AI 伦理挑战

AI 生态的快速发展，也带来了前所未有的数据安全和伦理挑战。DeepSeek 在未来必须面对以下几个关键问题：

数据安全
AI 是否应该存储个人隐私数据？如何确保数据不被滥用？
企业机密是否可以被 AI 训练？如何设定 AI 的访问权限？
AI 如何符合各国的数据安全法规？

例如，2023 年某 AI 公司因数据泄露导致数百万用户信息被曝光，给行业敲响了警钟。DeepSeek 必须在数据安全管理上建立更严格的机制，以确保用户隐私不被滥用。

目前，多个国家已经开始制定关于 AI 的监管政策。例如，欧盟的《AI 法规》要求 AI 透明可控，美国也在推动 AI 风险评估政策。未来，DeepSeek 需要在“开放”与“安全”之间找到平衡，确保 AI 既能促进创新，又不会被滥用。

AI 未来的发展，既充满机遇，也伴随着风险。DeepSeek 未来的角色，可能不再只是“AI 工具”，而是“人类智能的延伸”。面对 AI 的迅猛发展，我们需要不断调整自己的认知，以便更好地利用 AI，让它真正为人类所用，而不是成为一种不可控的技术。

趋势	机遇	挑战
个性化 AI	每个人都能拥有专属 AI，提高生产力	隐私问题，对 AI 过度的依赖可能影响人类决策
AI 生态系统化	AI 之间可互相协作，提高整体效率	生态碎片化，模型之间的兼容性是个难题
AI 主动决策	AI 提供精准的商业决策，优化资源分配	AI 失控风险，决策责任归属难界定
AI 监管与开源	开放 AI 技术，加速创新	可能导致技术被滥用，甚至产生 AI 黑客攻击

企业创新：人才管理的 AI 解决方案

为了帮助企业优化人力资源管理，提高管理效率，DeepSeek 基于 AI 技术，提供从制度制定到招聘落地、员工发展、绩效评估等一站式智能化解决方案。以下将通过核心功能详解，解析如何借助DeepSeek实现高效人才管理，并助力企业提升整体竞争力。

DeepSeek 在人才管理中的应用场景

1. AI 驱动招聘，精准匹配人才

人才招聘是企业发展的重要环节，DeepSeek 通过 AI 简历解析、智能筛选和人才库管理，极大提升招聘效率，并优化人才匹配度。

示例输入：

复制

请生成一份适用于初创企业的人才管理解决方案，要求如下：
1. 提供智能简历解析和精准岗位匹配功能。
2. 提供员工培训与发展方案，包括智能推荐培训课程和培训效果评估。
3. 提供绩效评估与薪酬管理方案，包括数据驱动绩效评估和员工满意度调查。
4. 提供企业文化建设方案，包括企业文化传播和员工活动组织。
5. 以HTML格式生成代码。

DeepSeek 能够快速解析各类格式的简历，提取关键信息，如求职者的教育背景、工作经验、技能特长等。HR 可以通过设定筛选条件，让 DeepSeek 自动筛选出符合岗位要求的简历，大大节省筛选时间。

借助 DeepSeek 的自然语言处理能力，HR 输入岗位描述后，系统会自动在简历库中匹配与之相关的简历，有效提高招聘的精准度，确保企业能够找到最适合岗位的人才。

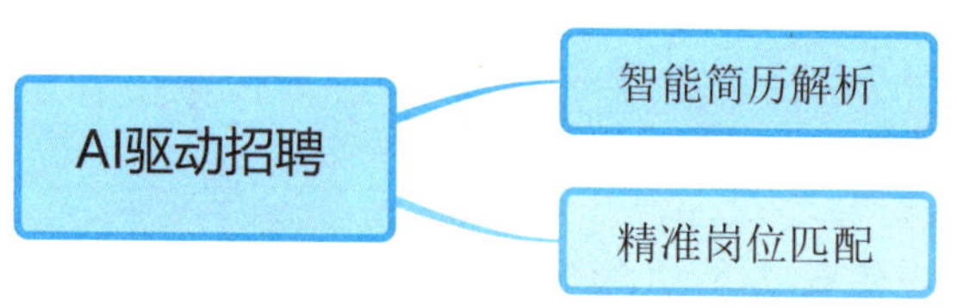

2. DeepSeek 打造高效团队

员工培训是企业提升整体能力和竞争力的重要手段。DeepSeek 提供智能化的培训推荐、学习效果评估，从而帮助企业构建科学合理的员工成长体系。

根据员工的职位、技能和发展需求，DeepSeek 可以智能推荐相关的培训课程和学习资源。这有助于 HR 制订个性化的培训方案，满足不同员工的学习需求，提升员工的专业技能和综合素质。

通过分析员工在培训过程中的学习数据，如学习进度、考试成绩等，DeepSeek 可以对培训效果进行评估，并为 HR 提供优化培训方案的参考依据，使培训更加有针对性和实效性。

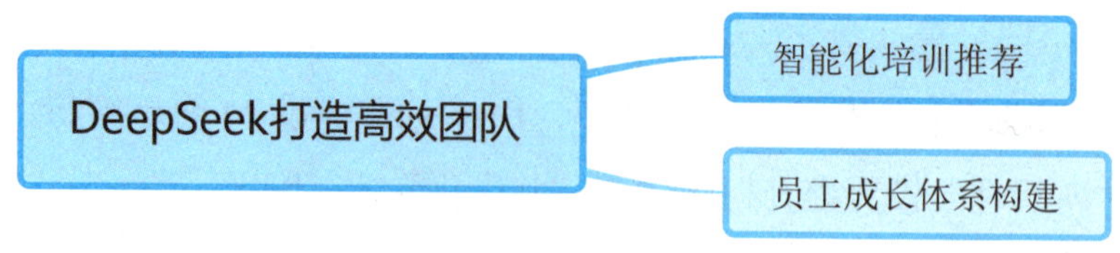

3. 用 DeepSeek 数据驱动决策

DeepSeek 可以收集和分析员工的工作数据，包括工作量、工作效率、工作质量等。基于这些数据，为 HR 提供客观的绩效评估依据，避免了主观因素对绩效评估的影响，使绩效评估更加公平、公正。

利用 DeepSeek 的问卷调查和分析功能，HR 可以定期开展员工满意度调查。及时了解员工的需求和反馈，从而优化人力资源管理策略，提高员工的工作满意度和对公司的忠诚度。

用DeepSeek数据驱动决策
- 绩效评估更加公平、公正
- 优化人力资源管理策略

4. 用 DeepSeek 进行企业文化建设

DeepSeek 可以帮助 HR 快速传播企业文化，如企业价值观、使命愿景、发展历程等。通过多种渠道和方式，将企业文化传递给每一位员工，增强员工的归属感和认同感。

利用 DeepSeek 的智能推荐功能，HR 可以组织更加符合员工兴趣和需求的活动。这有助于提升员工的参与度和满意度，营造积极向上的企业文化。

用DeepSeek进行企业文化建设
- 增强员工的归属感和认同感
- 营造积极向上的企业文化

读者测试

下面的测试将检验你对 DeepSeek 在人才招聘、培训、团队建设和员工影响等方面应用的了解，助力企业人才管理升级。

1. DeepSeek 在企业人才招聘中，通过分析候选人的社交媒体数据，可以了解到候选人的哪些方面信息？
   A. 个人兴趣、价值观和社交影响力等
   B. 只关注候选人的学历和工作经验
   C. 不分析社交媒体数据，只看简历

2. 在企业员工培训方面，DeepSeek 根据员工的绩效数据生成的培训方案，重点提升员工的哪些能力？
   A. 与工作绩效相关的关键能力和短板技能
   B. 所有能力平均提升，不做重点区分
   C. 只提升员工的沟通能力

3. DeepSeek 在企业人才管理中，如何帮助企业进行团队建设？
   A. 分析员工的性格特点、技能优势和工作风格，进行合理的团队成员搭配
   B. 随机分配团队成员，不考虑个体差异
   C. 只根据员工的入职时间来组建团队

4. 当企业引入 DeepSeek 进行人才管理时，员工可能会产生的担忧包括以下哪项？
   A. 个人隐私被侵犯
   B. 工作被 AI 完全取代
   C. 企业成本增加

评分标准：

选 A 得 3 分，选 B 得 2 分，选 C 得 1 分。

10 ~ 12 分：你深刻理解 DeepSeek 在企业人才管理中的应用方式和潜在影响，能有效推动企业人才管理变革。

7 ~ 9 分：你对其在人才管理中的作用有一定认识，但在员工担忧处理和团队建设策略上还需完善。

4 ~ 6 分：你对 DeepSeek 在企业人才管理中的应用了解不足，需要加强学习和实践。

持续进化：跟踪 DeepSeek 更新的最佳实践

AI 技术正在以惊人的速度发展，而 DeepSeek 作为一款前沿的 AI 工具，也在不断迭代和升级。要想用好 DeepSeek 的最新功能，用户得学会怎么及时跟踪它的更新。这样做不仅能让你在技术方面保持领先，还能让你在工作和生活中更高效地利用 AI 的功能。

紧密关注更新动态

要及时掌握 DeepSeek 的最新功能，首先可以关注其官方公告，包括 DeepSeek 的官方博客、论坛和社交媒体，这些渠道会定期发布新功能介绍和优化内容，让用户第一时间了解 AI 的更新动态。

此外，每次 DeepSeek 版本升级后，都会有详细的更新日志，记录修复的 Bug、新增的 API 和推理能力的改进。用户可以通过查阅这些日志，快速了解最新的技术优化，并结合自身需求调整使用方式，以充分发挥 AI 的潜力。

最后，加入用户社区是一个不错的选择。在社区中，用户们会分享自己对新功能的使用体验和发现，还会讨论更新带来的影响和潜在的应用方向。通过与其他用户的交流互动，我们可以从不同角度理解更新内容，拓宽对 DeepSeek 的认知边界。

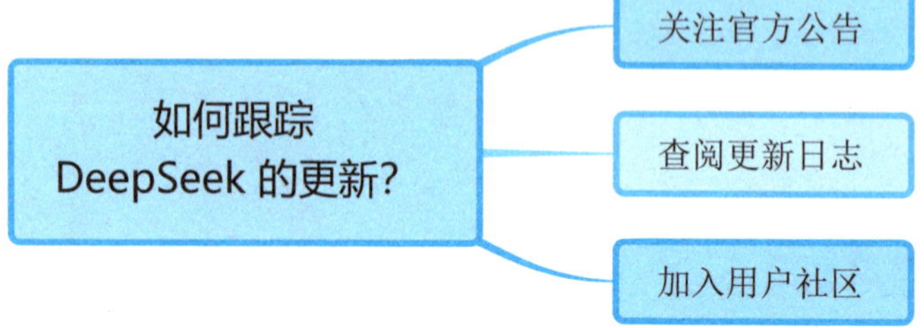

深度探索新功能

每当 DeepSeek 上线新功能时，进行全面而深入的测试至关重要。例如，不仅要评估常规文本处理效果，如文章撰写、翻译等，还要尝试在更复杂的语境和专业领域应用，比如医学文献解读、法律条文分析等。通过多角度测试，可以精准了解新功能的优势与局限，为后续的高效利用奠定坚实基础。

此外，将新功能融入现有的工作流程，并观察其对工作效率和质量的影响，是提升 AI 应用价值的重要步骤。通过不断优化和调整使用方式，使 DeepSeek 成为推动工作高效开展的核心助力。

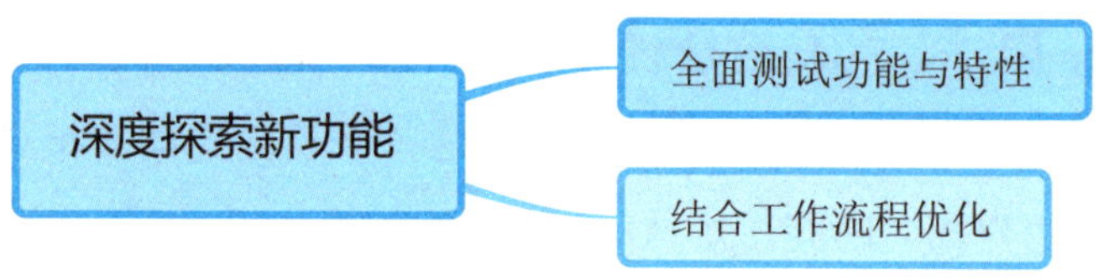

强化模型训练与优化

为了让 DeepSeek 更好地适应个人或团队的特定需求，我们可以提供定制化训练数据，使其在特定领域的表现更加精准。例如，可以将大量的产品评测报告、行业分析资料等输入 DeepSeek 进行训练，让 AI 在这些数据的基础上学习和优化。这样，DeepSeek 就能提供更加精准、贴合实际需求的输出，从而提升内容质量和分析深度。

此外，DeepSeek 的模型参数可以根据实际使用情况进行持续优化。例如，在执行文本分类任务时，如果发现分类结果不够精准，可以通过调整关键词权重、分类阈值等关键参数，不断优化模型的识别能力。通过这种持续微调的方式，DeepSeek 的输出将更加符合预期，为各类应用场景提供更精确的支持。

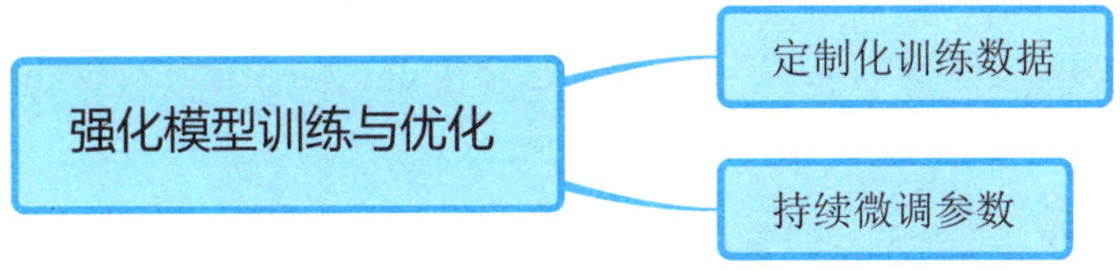

构建反馈与学习闭环

在使用 DeepSeek 的过程中，遇到任何问题或不满意的地方，要及时向官方反馈。反馈内容应详细准确，包括问题出现的场景、操作步骤、预期结果与实际结果等。例如，在使用 DeepSeek 进行视频编辑时，发现某个特效功能无法正常运行，按照上述要求向官方反馈，有助于官方快速定位问题并进行修复。

关注 DeepSeek 官方和用户社区分享的优秀使用案例和经验总结。学习他人在不同场景下的应用思路和技巧，将其融入自己的使用过程中。例如，学习某企业利用 DeepSeek 进行客户关系管理的成功案例，借鉴其在数据挖掘、客户分类、个性化服务推荐等方面的做法，优化自身企业的客户关系管理策略。

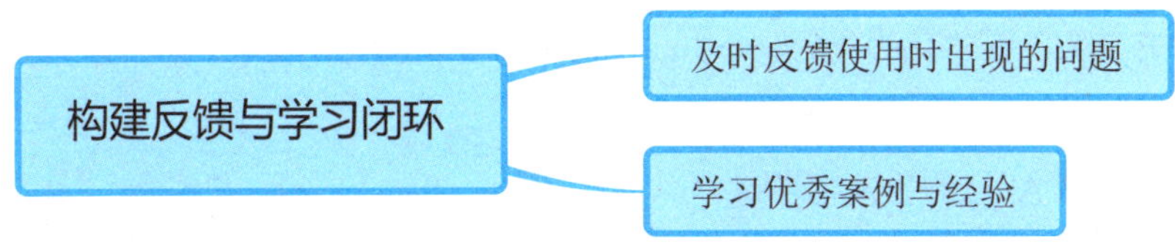

通过以上持续跟踪 DeepSeek 更新的最佳实践方法，我们能够不断提升对 DeepSeek 的应用水平，充分发挥其强大功能，在持续优化中实现个人与团队能力的跃迁，更好地适应数字化时代的发展需求。

读者测试

这些测试题将考察你对查阅更新日志、掌握新功能和学习对职业发展帮助的认识，看看你是否具备持续学习的能力。

1. 查阅 DeepSeek 更新日志时，除了关注新功能和性能优化，还应该关注哪些信息?

   A. 兼容性变化、安全漏洞修复和使用注意事项

   B. 开发团队的人员变动

   C. 软件的界面颜色调整

2. 为了更好地跟上 DeepSeek 的更新步伐，以下哪种方式是比较有效的?

   A. 加入官方社区或论坛，与其他用户交流经验和获取最新消息

   B. 不关注更新信息，一直使用旧版本

   C. 只依赖软件自动更新提示，不主动了解

3. 当 DeepSeek 推出新的功能模块时，应该如何快速掌握其使用方法?

   A. 阅读官方文档、观看教程视频，并进行实际操作练习

   B. 不学习新功能，继续使用熟悉的功能

   C. 随意尝试操作，不参考任何资料

4. 持续学习 DeepSeek 的相关知识和技能，对个人职业发展的主要帮助是什么?

   A. 提升个人在数字化时代的竞争力，适应不断变化的工作需求

   B. 没有实际帮助，只是浪费时间

   C. 只对从事 AI 行业的人有帮助

评分标准：

选 A 得 3 分，选 B 得 2 分，选 C 得 1 分。

10 ~ 12 分：你具备良好的持续学习意识和能力，能够及时掌握 DeepSeek 的更新动态和新功能，提升自身竞争力。

7 ~ 9 分：你有一定的学习意愿，但在学习方法和信息获取渠道上还可以进一步优化。

4 ~ 6 分：你对持续学习 DeepSeek 重视不足，需要转变观念，积极学习以适应技术发展。